ミサの鑑賞

—感謝の祭儀をささげるために—

吉池好高

オリエンス宗教研究所

推薦のことば

第二バチカン公会議（一九六二年〜六五年）は、典礼活動、とくに感謝の祭儀（エウカリスチア）を、教会活動のあらゆる恵みが流れ出る泉、かつ教会活動が目指す頂点に位置付けて教え、同時に、教会共同体のすべてのメンバーに、典礼（とくに感謝の祭儀）への行動的な参加を促しました。その後、『ローマ・ミサ典礼書』のラテン語規範版が、第三版（二〇〇二年三月）に及ぶまで、ミサ典礼書の改訂が続けられました。そして典礼秘跡省は、日本の教会のために翻訳・適応された第三版の総則の部分のみを先に認証し、ようやく日本の教会でも二〇一五年待降節（十一月）から新しい総則に基づく典礼のあり方が一部導入されたばかりです。その際に、わたしはしばしば、「ミサの典礼がまた変わるのでしょうか」という戸惑いの声を耳にしました。公会議前のミサ典礼から、半世紀の間に見られた、公会議の精神に基づく新しいミサ典礼への外観的な変化は、今後、落ち着く段階へと移行して行かなければなりません。二千有余年の間に、ミサ典礼は、時代的な背景の影響を受けつつ、その外観的な変化を伴ってきましたが、その本質には汲み尽くせない一貫した神秘が脈打ち、その恵みで、キリスト信者の信仰生活と教会活動を支え導いてきました。

このたび、オリエンス宗教研究所から発行される運びになった吉池好高神父様の著書『ミサの鑑賞――感謝の祭儀をささげるために』は、『ローマ・ミサ典礼書』ラテン語規範版の第三版（二〇〇二年三月）を、日本の教会のために翻訳・適応して認証された新しい総則に基づいて、ミサの本質を鑑賞するために有益なテキストです。日本カトリック神学院のラテン語の講師を長年務めてくださっている吉池神父様は、日本カトリック典礼委員会の依頼を受けて、典礼関連のラテン語原文を日本語に翻訳する、非常に重要で基礎的な作業を続けてこられ、感謝の祭儀の典礼式文に精通しておられる方です。日本カトリック神学院で一緒に働いたことのあるわたしの脳裏には、深い霊性を伴って神のみことばを解き明かし、心を込めて感謝の祭儀を挙行しておられる吉池神父様の姿が、今でも彷彿として鮮明に甦ってきます。

感謝の祭儀への行動的な参加のためには、その準備として、典礼の象徴的なしるしやことば（式文）に秘められている本質を〈鑑賞〉（観想）する時間を持つことが必要です。今回、オリエンス宗教研究所から発行される本書が、読者の皆さんにとって感謝の祭儀を深く観想する「格別の手引書」となり、さらに、読者の皆さんを感謝の祭儀に行動的に参加する者へと駆り立ててくれることを願ってやみません。

二〇一八年三月十三日

カトリック広島教区　司教　アレキシオ　白浜　満

はじめに

ミサの鑑賞という表題はいささか問題があるかもしれません。ミサは鑑賞の対象ではなく、私たちが行動的に参加し、ともにささげるものだからです。しかし、ともに参加し、ともに祈るためには、ミサの中でどのようなことが行われ、どのようなことが祈られているのか、ミサの参加者である私たちに正しく理解されていなければなりません。カトリック教会の現行のミサ式次第に沿ってそれを味わうことは、ミサへの主体的、行動的参加のための出発点であると思います。

ミサ式次第、典礼文は、私たちがささげるミサの台本のようなものです。演出家や俳優たちが上演する演劇の台本を読み込むように、あるいは、指揮者や演奏家が演奏する曲目の楽譜を前もって念入りに研究するように、ミサを私たちの祈りとするためには、まずミサの式次第と典礼文を味わうことが大切です。

ミサについての研究書や解説書は、最近では日本語でも数多く出版されています。ここでは、それらを参考にしながらミサを鑑賞していきたいと思います。

ミサは、私たちが信じるキリスト教の信仰内容と私たちの日々の生活との接点に位置しています。ミサの中で祝われ、祈られるのはカトリックの教会が伝えてきたキリスト教の信仰内容です。ミサに参加する私たちは、ミサの中で祝われ、祈られる事柄を日々の生活の中に新たに受け止めていくためにミサに参加するのです。

従って、ミサの典礼において表明されているキリスト教の信仰内容と、私たちの日々の生活の双方に目を配りながら、私たちが参加するミサにおいて祝われ、祈られている事柄を、いかに主体的に自分のうちに内面化していくかということが問われることになります。

以下にお話しすることは、そのような作業のひとつの試みとして参考にしていただければと思います。

目次

推薦のことば
はじめに
ミサへの招待
第一部　ミサの成り立ち……23
第二部　ミサ式次第に沿って……39
Ⅰ　開　祭……41
入祭の歌

あいさつ
回　心
あわれみの賛歌
栄光の賛歌
集会祈願

Ⅱ　ことばの典礼 …… 57
聖書　第一朗読
答唱詩編
聖書　第二朗読
アレルヤ唱（または詠唱）
聖書　福音朗読
説　教
信仰宣言
共同祈願

Ⅲ　感謝の典礼 …… 75
供えものの準備

奉納祈願
奉献文　—感謝の祈り—
叙　唱
感謝の賛歌
奉献文
交わりの儀
主の祈り
平和を願う祈りとあいさつ
平和の賛歌
拝　領
Ⅳ　閉　祭（派遣）……147
派遣の祝福
あとがき

＊本文中の聖書の引用は、原則として『聖書 新共同訳』（財団法人日本聖書協会、一九九九年）によります。また、ミサ式次第は、『ミサ典礼書』（カトリック中央協議会、一九七八年）、日本カトリック典礼委員会編『ミサの式次第』（カトリック中央協議会、一九九九年）に基づき、本書発行の時点で典礼上の規定として改訂された部分を掲載しています。

ミサへの招待

ミサはカトリック教会の典礼の中心をなす祭儀です。このミサにおいてカトリック教会に伝えられているキリスト教の信仰内容が祭儀の形を取って、秘跡的に表現されています。

カトリック信者とは、カトリック教会に伝えられているキリスト教の信仰を受け入れ、洗礼によって、正式にカトリック教会の一員となった人のことです。洗礼を受けて正式にカトリック信者となることによって、ミサの中で聖体を拝領する資格が与えられます。この資格を自分のものとするためには、聖体の秘跡が何を意味しているかを理解していなければなりません。本書はこの点に絞って、ご一緒にミサについて学んでまいります。

カトリックの信者たちはミサに与《あずか》るというような言い方をしますが、与るとは、参加するということです。個々のカトリック信者は、同じ信仰によって結ばれている信仰共同体としての教会のミサに参加することによって、日常の生活の中でともすれば希薄になりがちなカトリック信者としてのアイデンティティーを取り戻すことができるのです。さらには、教会自体がキリスト教信仰共同体としてのそのアイデンティティーを保持するために、信仰の祭儀としてのミサを執り行っているといえるでしょう。

個々のカトリック信者の信仰は、そのような教会共同体の存在を前提として、その中で形成され、保持されるのです。世俗化された社会の中に生きている一般の信者たちはミサに参加することによって、カトリック信者としての自分の信仰を再確認する必要があります。そのためにも、信者たちは日曜日の教会のミサに参加しているのです。

神との出会いの場

ミサにおいて儀式的に具現化されているキリスト教の信仰とはどのようなものであるのでしょうか。カトリック信者たちが日曜日ごとに通う教会は、広く言えば、神との出会いの場であると言えます。キリスト教の信仰を生きる信者たちは、日曜日の教会のミサにおいて彼らが信じている神と出会っているのです。

直ちに目には見えない神は教会のミサの中に現存され、ミサの儀式においてその現存のお姿を示しておられるのです。ミサの中で朗読される聖書は、ミサの中に現存しておられる神がどのようなお方であるかを語る、教会に伝えられてきた神への信仰の書です。

中でも、新約聖書の福音書は、キリスト教の信仰の対象であるイエス・キリストとは、どのようなお方であるかを伝える教会の信仰の基盤をなす書物です。それだけではなく、福音書に書き記されているイエス・キリストは、ミサの中で朗読される福音書を通して、ミサに参集している人々に、今もそのみことばを語り聴かせておられるのです。ミサの中で朗読される福音書を通して、今もその現存のお姿を示され、そのみことばを語り聴かせてくださるイエス・キリストを、自分たちに向けられたみことばとして受け入れ、それに従って生きるように努めることによって、信者たちはイエス・キリストの後に従うイエス・キリストの弟子となるのです。

ミサの中に現存し、そのみことばを語り聴かせてくださるイエス・キリストは、そのみことばをもって、ミサの司式者の手によって奉納されるパンとぶどう酒を指し示し、それがご自分の御体《おんからだ》、御血《おんち》であると宣言されます。それは、十字架の上ですべての者のためにささげ尽くされ、与えられた、ご自分の体であり血であると宣言されるのです。このようにして、教会の信仰の対象であるイエス・キリストは今もミサの中に現存しておられるのです。

カトリックの信仰を生きる者たちは、イエス・キリストのみことばによって示されている、イエス・キリストの体である聖体のパンを分かち与えられることによって、イエス・キリストのいのちそのものを自分のうちに拝領するのです。ここに、ミサにおいて示されている信仰の神秘の頂点があるのです。

神との関係の中に生きる

ミサの祭儀において表明されているカトリックの信仰における神への信仰について、もう少し幅広く見てまいりましょう。

神を信じて生きるということは、自覚的に神との関係の中に生きるということです。自分自身と自分が生きるこの世界が、神との関係の中にあることを信じて生きることが、神を信じて生きるということです。

創造主である神と神の被造物である私たちの関係を受け入れて生きるということが、天地の創造主である神を信じるということです。キリスト教の信仰においては、私たちは神によって創造された被造物であるのです。神とのこの関係こそが、私たちに与えられている神からの最も大いなる恵みなのです。私たちは万物の創造主である神のこの恵みによってこの世界の中に生きているのです。このことに気付くとき、私たちのうちに創造主である神への感謝が湧き起こってくるはずです。

同時に、日ごろの自分たちの生き方を反省するなら、神の被造物である自分たちが、神への感謝も忘れて生きていることへの悔悟の念が生じてくるはずです。そのような私たちのありようにもかかわらず、神は私たちに対する態度を変えられることはありません。そのことに心底気付くとき、私たちの悔悟の念は一層真実のものとなり、私たちのありようをゆるしておられる神への感謝の思いは一層深くなります。

このような思いをもって、私たちは神のみ前に出なくてはなりません。カトリック信者にとって、ミサはそのような神との出会いの場なのです。神によって生かされている自分自身に気付き、神のみもとに立ち戻って、創造主である神への感謝をささげるために、カトリック信者たちは日曜日のミサに集うのです。

やすらぎの在りか

「疲れた者、重荷を負う者は、だれでもわたしのもとに来なさい。休ませてあげよう。わたしは柔和で謙遜な者だから、わたしの軛《くびき》を負い、わたしに学びなさい。そうすれば、あなたがたは安らぎを得られる。わたしの軛《くびき》は負いやすく、わたしの荷は軽いからである」（マタイ11・28－30）。

マタイ福音書に書き記されたイエス・キリストのみことばです。このみことばの主であるイエス・キリストは、本来神の子でありながら、この世の生を生きる私たちを神のいのちに与らせるために、私たちと同じ人間となられて、人の世であるこの世界に来られたメシア・救い主です。キリスト教の信仰の対象であるイエス・キリストとはこのようなお方です。イエス・キリストは、私たちに対して今もこのように呼びかけておられるのです。

聖書の中のイエス・キリストのみことばは、今もこの世に生きる私たちに向けて語りかけます。生きることに疲れ、負わされている人生の重荷が耐え難く思われるとき、聖書を開いてこのみことばに心の耳を澄ませたいと思います。イエス・キリストはこのように私たちをそのみもとに招いておられるのです。「わたしは柔和で謙遜な者だから、わたしの軛《くびき》を負い、わたしに学びなさい。そうすれば、あなたがたは安らぎを得られる」。

このみことばを自分に向けられているみことばとして受け止めることができるとき、私たちは真実イエス・キリストと出会い、その後に従うキリストの弟子となることができるのです。イエス・キリストは神の最愛のひとり子として、彼がアッバ（父さん）とお呼びする神のお望みのすべてに対して、自分を捨てて、謙遜に、柔和にそれを受け入れられました。福音書に書き記されている、十字架の死に至るまでのそのご生涯を、イエス・キリストはご自分に課せられた父である神のお望みのままに生き抜かれたのです。それが、イエスが負われた軛《くびき》（車のながえの先につけ、車を引く牛馬の頸《くび》の後ろにかける横木）であったのです。イエス・キリストはそのご生涯を通して荷い通された神の子としての軛《くびき》をともに担うようにと私たちを招いておられます。そこに、真実の安らぎがある、そこに真の安息を見出すことができると、神の子イエス・キリストは私たちを招いておられるのです。

日曜日のミサの中で「疲れた者、重荷を負う者は、だれでもわたしのもとに来なさい。休ませてあげよう」と言われるイエス・キリストは次のようにも宣言しておられます。「人の子は安息日の主なのである」（マタイ12・8）。このように言われる主イエス・キリストのもとに集って、主イエス・キリストとともに、すべてのいのちの源である父なる神を仰ぎ見ることができるとき、私たちは新たないのちの活力を取り戻すことができることでしょう。

旧約聖書の創世記によれば、安息日は神によって定められた休息のための日です。六日間の創造のみわざを完成された神は、七日目にそのみわざから離れ、安息なさったと語られています。「第七の日に、神は御自分の仕事を完成され、第七の日に、神は御自分の仕事を離れ、安息なさった。この日に神はすべての創造の仕事を離れ、安息なさったので、第七の日を神は祝福し、聖別された。これが天地創造の由来である」（創世記2・2－4）。

創造のみわざの完成である安息を味わうように、創造主である神は創造されたもののすべてを招いて、その日を聖別されたのです。安息日の主であるイエス・キリストは、真の安息を知らない人の世に生きる私たちの中に人の子となって来てくださり、その復活によってもたらされた真の安息を、この世界にもたらしてくださったのです。こうして旧約の安息日は、安息日の主である人の子イエス・キリストの日、主の日となったのです。「疲れた者、重荷を負う者は、だれでもわたしのもとに来なさい。休ませてあげよう」。

安息日の主であるイエス・キリストは、ご自分の復活によってこの世界にもたらされた、創造主である神が目指された大いなる安息へと私たちを招いておられるのです。その招きに促されて、私たちも日常の仕事を離れて、創造主である神のもとで安息を味わいたいと思います。そこにこそ、労苦に満ちた私たちの人生の真の安息があるからです。安息日の掟《おきて》は、創造主である神が私たちのためにお与えになった掟の中でも、最も慰めに満ちた掟です。安息日の掟を守ることによって、私たちは神から与えられている原初のいのちを回復することができるのです。神がお定めになったこの掟に従うことによって、私たちは真のいのちの喜びを見出すことができるのです。

安息日の主であるイエス・キリストは、そのような真の喜びに満ちた安息を味わわせようとして、日常の生活の中に埋没してしまっている私たちを招いておられるのです。この招きに応えることができるとき、私たちは、この世に生きる私たちの側にいて、負いきれないでいる重荷をともに担ってくださる主イエス・キリストとともに歩むことができるのです。私たちにとって、主の日である安息日がこのようなやすらぎの日となりますように。

取って食べなさい

安息日の中心は主イエス・キリストがその喜びをともに味わうようにと、私たちを招いておられる主の食卓です。この食卓に連なって、主イエス・キリストが与えてくださるいのちの糧《かて》に与《あずか》ることによって、神がお与えになっている私たちのうちなる神の子のいのちが生き生きと蘇ることを経験できることでしょう。私たちがそのような経験をすることができるようにと、イエス・キリストは十字架の上で私たちのためにささげられたそのいのちを、私たちの旅路の糧として今日もお与えくださるのです。

「皆、これを取って食べなさい。これはあなたがたのために渡される、わたしのからだ（である）」（奉献文）。最愛の独り子を私たちのためにお与えになった父なる神の愛と、ご自分のいのちの限りを、私たちのために与え尽くされた神の子イエス・キリストが差し出しておられる私たちのいのちの糧。この糧に近付いて、神の愛のありがたさをともに味わわせていただきましょう。

ミサは、神の独り子イエス・キリストの愛のいのちに一つに結ばれて、イエス・キリストとともに父なる神にささげる感謝の祭儀です。このミサをふさわしくささげることができるよう、ミサの理解を深めていきたいと思います。

「ミサの鑑賞」という本書は、私たちを招いている神の愛をより深く、より豊かに味わうことを目指すものです。

第一部　ミサの成り立ち

以下に述べることは、ミサの歴史的成立過程を追ったものではありません。むしろ、カトリックの教会において、ミサがなぜこれほど大切なものとされているのかという理由、ミサに対する教会の信仰の「内的論理」といったものを解明することを目指すものです。

イエスの遺言

ミサは大きく分けて二つの部分から成り立っています。

最初の開祭の部分に続いて聖書の朗読が行われます。聖書朗読の後、それに基づいた司祭の説教があり、その後、全員で信仰宣言を唱え、共同祈願をささげます。ここまでがミサの第一部です。

続いて、パンとぶどう酒が奉納され、司祭がイエスの最後の晩餐のことばを中心とする奉献文と呼ばれる祈りを唱えます。それに続いて、参加者たちは主の祈りを唱えた後、聖体を拝領し、感謝の祈りをささげ、司祭の祝福を受けてミサを締めくくります。

この第二の部分は、イエス・キリストが最後の晩餐のときに行われたことを儀式的に現在化しているのです。このようなミサの基本構造は常に一定していて、日曜日ごとにカトリック信者は、この一定のミサに参加しているのです。なぜそのようにしているかは、ミサの中心部分で司祭によって唱えられるイエス・キリストの最後の晩餐のことばにその根拠を見出すことができます。そこでは、次のようなイエスのことばが響きます。「これをわたしの記念として行いなさい」(奉献文、ルカ22・19、一コリント11・24－25参照)。

私たちの参加するミサはカトリックの伝統の中で、さまざまな変遷を経て現在の形を取るようになったのですが、この伝統を生み出し、今日まで存続させてきたのは、突き詰めれば、このイエス・キリストのことばです。イエスがそう望まれ、ご自分の死を目前にして弟子たちにそう託されたがゆえに、弟子たちと同じようにイエスを信じ、彼について行こうとする、その後の教会の信者たちは、このイエスのことばを自分たちに対するイエスの愛の遺言として受け止め、それを大切に守り続けているのです。

人間イエスの願い

イエスはなぜ、あのような遺言を残されたのでしょうか。それがイエスの最後の望みであったからに違いありません。それは、愛する弟子たちの心の中にとどまり続けることを願う、人間イエスの、まさに人間的な願いを示しています。自分の死後も、自分が生きたあかしをこの世にとどめることを願う思いは、人間である者のまさに人間的な願いではないでしょうか。この切ないまでの願いを、私たちは何に託することができるでしょうか。

自分の生涯において、自分を最もよく理解し、自分と夢を共有し、苦楽をともにしてくれた者たちをおいてほかに見出すことはできません。家庭を持つことのなかったイエスにとって、そのような人々とは、自分と最後まで歩みをともにしてくれた弟子たち以外にはいません。イエスにとって、弟子たちはそのような存在であったに違いないのです。

イエスと弟子たちを結んでいた絆、それは直ちに目に見えるものではなく、あらゆるものを越えた、深いところにあります。イエスと弟子たちの心の交流、師弟の間だけで成立する、他の者の推測を越えた心の交流こそが、イエスと弟子たちを結んでいたはずです。けれども、この心の交流を生み出し、深めてきたものは、イエスと弟子たちが出会ってから、ともに過ごした歳月です。この歳月の中で営まれてきた人間同士のふれあいです。そして、この人間的ふれあいの凝縮された形は生活の共有です。さらには、その生活の共有の具体的シンボルは、ともに囲んだ食卓です。

「これをわたしの記念として行いなさい」とのイエスのことばは、まずは、このような人間イエスの思いを伝えることばとして聴くことができるのではないでしょうか。

ミサを基礎付けるもの　イエスの復活

ミサが最後の晩餐の記念として、なぜ今も、共同の食事の形を保持しているのかということを考えてみました。

しかし、ミサは最後の晩餐の記念であるだけではありません。最後の晩餐とその記念としてのミサとの間には、大きな溝が横たわっていることを私たちは知っています。それは、イエスの十字架の死と復活という福音書の語る出来事です。このことがミサとどのように関係しているかを見なければなりません。

弟子たちはイエスと自分たちとのかつての絆を、イエスの死後も存続させていくために、イエスの最後の願いに忠実であろうと願ったことでしょう。けれども、彼らが実際にそのような思いに立ち戻り、一つになることができるためには、新たな出来事が必要でした。

弟子たちは十字架のイエスを見捨てて、彼を裏切ってしまったからです。その弟子たちがイエスのあの最後の願いに立ち戻り、それを伝えていくようになるには、イエスとの関係において弟子たちに新たな何かが起こらなかったなら、そのような気持ちにはなり得なかったことでしょう。十字架に向かうイエスを見捨て、裏切ってしまうことによって、弟子たちはイエスを追慕する資格を失ってしまったのです。自らそれを放棄してしまったのです。

弟子たちが体験したイエスの復活という出来事がなかったなら、最後の晩餐の記念としてミサを執り行うことなど到底考えられなかったことでしょう。たとえ、弟子たちがイエスを想い起こし、自分たちの非を悔いて、イエスのあの遺言に立ち戻り、それを守り行おうとしたとしても、それは弟子たちにとって死ぬほどつらい、悲しみの儀式以外のなにものでもなかったはずです。そしてもしそうなら、それは彼らの間だけで、しめやかにひっそりと執り行われるべきものであったはずです。

けれども、教会がイエスの弟子たちから受け継いだミサは、そのような悲しみに満ちた暗い儀式ではありません。むしろ、それはその名が示すとおり、喜びに満ちた感謝の祭儀です。弟子たちの中に、新たな何ごとかが起こらなかったなら、このようなイエス・キリストを記念する祭儀は生まれなかったに違いありません。そのまったく新たに弟子たちに起こった出来事、それが福音書の語るイエスの復活という出来事です。

復活のイエスとの出会いの体験を通して、弟子たちは自分たちがゆるされていることを知ったのです。思い出すだけでも身のすくむほどに、弱さと不信仰を露呈してしまった自分たちを、何事もなかったかのように受け入れてくださる復活されたイエスと、彼らは真実に出会ったのです。弟子たちがそのようなお方として再び出会うことができたのは、彼らが十字架の上に見捨てたイエスにほかなりません。けれども、そのイエスは彼らを信頼しきって、かつてのように、しかし、今やまったく新たに、自分の願いを弟子たちに託すのです。これほどまでに寛大なゆるしがありえましょうか。これほどに見事な、一方的信頼があり得ましょうか。

ミサは、最も愛する者たちからも見捨てられ、十字架上に死んで、しかし死者のうちから復活されたイエス・キリストと弟子たちのこのような関係から出発し、その関係を常に新たに記念するのです。それればかりではありません。イエス・キリストと弟子たちの関係を指し示し、それを祭儀的に現在化するミサは、イエス・キリストと弟子たちの関係を理解し、このような関係に憧れるすべての人々を、常に新たに、イエスと弟子たちとの関係に招き入れながら、イエス・キリストの愛とゆるしの大きさ、深さを指し示すのです。

このようにして、ミサは弟子たちだけのイエスへの追憶を超えて、イエス・キリストの死と復活を通して新たな広がりを獲得しているのです。イエス・キリストとの地上における共同の生活経験を持たない、後のキリスト者たちにとっても、ミサは今や、自分たち自身の生に関わる、自分たちもそこに招かれている信仰の出来事となったのです。

ミサにおけるイエス・キリストの現存

「これをわたしの記念として行いなさい」。イエス・キリストのこのことばに従い、最初の弟子たちから始まって今日にいたるまで、教会はミサを続けてきました。この営みが、イエス・キリストを信じる者たちの二千年にわたる歴史を、イエス・キリストにさかのぼる形で結んでいるのです。このミサの歴史が教会の中心を貫いていることによって、教会はイエス・キリストと結ばれているのです。

ミサはイエス・キリストの記念です。福音書にあるように、かつてパレスチナの地で、あのような生涯を生き、最後は十字架につけられて死んだ、しかし、死者の中から復活したイエス・キリストの記念です。その始まりは、弟子たちの心に焼きついた、何をもってしても消し得なかったイエス・キリストの記念です。一つの食卓である祭壇を囲んで、イエスのこの記念を行うたびごとに、イエスは今も自分たちの中にいてくださることを、彼らは信仰において感じ取っていたのです。弟子たちに続くキリスト者たちは、ミサの形とそれが意味していることを、弟子たちから継承することによって、ミサに対するこのような信仰をも受け継いだのです。そうでなければ、このように長い歳月にわたって、この記念の祭儀が継承されることはなかったでしょう。

従って、カトリック信者にとって、ミサは教会の大切な儀式であるにとどまらず、自分たちのイエス・キリストへの信仰を宣言する信仰の形なのです。この信仰において、私たちは、ミサの中にイエス・キリストを最も身近に感じ取っていくことができるのです。「わたしの名によって集まるところには、わたしもその中にいる」（マタイ18・20参照）。かつて弟子たちに約束されたイエスのこのことばは、ミサの場において、自分たちにも実現されているのだと実感をもって受け入れられるのです。

しかし、ミサにおけるイエス・キリストのこのような臨在感は、私たちの信仰のみに基づくものではありません。つまり、私たちがイエス・キリストの記念としてミサを執り行い、イエスを想い起こすという、そのことによって、イエスが私たちの意識の中に存在するというのではありません。そのような側面がないわけではありませんが、根本的には、

「これをわたしの記念として行いなさい」という、イエスの命令がなかったなら、ミサはなかったことになります。ミサをささげているのは私たちですが、そのミサをミサとして成り立たせているのはイエス・キリストであるといえるのです。

ミサの主宰者　主イエス・キリスト

弟子たちにとって、イエス・キリストを記念し、祈るということは、自分たちの師であり、主であるイエス・キリストを記念し、祈ることであったはずです。弟子たちの執り行うミサにおいても、イエスと弟子たちのこの関係、つまり、イエスが師であり主であって、自分たちは弟子でありイエスに従う者であるという関係は逆転されることはありません。そうでなければ、このミサの記念は彼らの師であり主であるイエス・キリストの記念とはならないのです。

つまり、イエス・キリストの記念としてのミサの主宰者は、それを執り行っている弟子たちではなく、イエス・キリストでなければ、ミサは主であるイエス・キリストの記念とはならないことを弟子たちは知っているのです。弟子たちが集まって、イエス・キリストの記念としてミサを行っているのですが、弟子たちから見れば、自分たちを集め、ミサに招いているのは、最後の晩餐のときと同じように、師であり主であるイエス・キリストなのです。

このイエスはどのような方なのでしょうか。それは、かつて弟子たちの師であり主であった、この世に生き、十字架上でご自分のいのちをささげられたイエスです。そして、今や弟子たちの信仰において現実に生きておられる復活のキリストです。弟子たちは、イエスの記念であるミサに集うたびごとに、そこに自分たちを呼び集めているのはイエスご自身であることを意識しているのです。従って、ミサを行うことは弟子たちにとって、主イエス・キリストが今も自分たちの中にいてくださることのしるしとなるのです。こうして、ミサはイエス・キリストは十字架上に死なれたが、その死を超えて、今も信じる者たちの中に現実に働いておられるという、復活のキリストに対する弟子たちの信仰の具体的証しとなるのです。

イエスとの出会いの場

イエスによって呼び集められ、イエスのことばに従ってイエスの記念であるミサをささげている私たちは、弟子たちがそうであったように、自分たちの中にイエスがいてくださると信じています。そうでなければ、ミサは形骸化した単なる伝統的な儀式に成り下がってしまうか、人々の好みに合った他のものに置き換えられてしまったことでしょう。ミサが今も生きているのは、キリスト者の中に、イエス・キリストへの信仰が生きているからです。この信仰の立場からすると、ミサにおいて集まっている私たちの中にイエス・キリストは今も現存しておられるのです。それゆえ、ミサは今も私たちの中に生きて、働いておられるイエス・キリストとの出会いの最も大切な場なのです。

イエスの最後の晩餐における行為とことばは、そのまま、ミサの中心部で司祭によって祭儀的に現在化されます。司祭はパンを取って、「これを取って食べなさい。これはあなたがたのために渡されるわたしのからだである」と唱え、ぶどう酒の杯を取って、「これを受けて飲みなさい。これはわたしの血の杯、あなたがたと多くの人のために流されて、罪のゆるしとなる新しい永遠の契約の血である」（奉献文）と唱えます。

ミサに参加している私たちは、司祭によって唱えられるこのことばを、司祭のことばとしてではなく、イエス・キリストご自身のことば、今この場におけるイエス・キリストのことばとして受け止めているのです。これが、現在化ということの意味です。最後の晩餐のときに弟子たちが受けとめたものと同じものを、私たちはミサにおいて受け止めているのです。弟子たちはあのパンをイエス・キリストの体として、あのぶどう酒をイエス・キリストのいのちの血として受け取ったのでした。

このように、私たちをミサに呼び集めたイエス・キリストは、集められた私たちの中に、さらには、イエスの行為とことばを現在化する司祭の中に、そして、そのことばによって指し示されるキリストの体、キリストの血としてのパンとぶどう酒、つまり、「聖体」のうちに現存しているのです。カトリックの教会はその信仰に基づいて、このように信じてきました。このようなカトリックの信仰が生み出している形、それがミサなのです。この信仰の立場に立てば、自分自身の主観を超えて、私たちはこの世の只中でイエス・キリストとの具体的な出会いの場を見出すことができるのです。

ミサによって生かされるために

ミサはイエス・キリストを主と信じる人々の信仰の形であり、信仰による集いです。従って、ミサに参加するということは、自分もキリスト者として、イエス・キリストを信じる者であることを具体的に表明する、私たちの信仰告白となるのです。すなわち、ミサに参加することは、私たちにとってイエス・キリストの招きに応える行為となり、私たちが参加するミサは、今なお私たちのうちに現存されるイエス・キリストとの最も確かな出会いの場、出会いの手段となるのです。

イエス・キリストへの信仰を生きる者にとって、イエス・キリストはミサの中で、今も自分たちに語りかけ、自分たちの願いに耳を傾けてくださり、自分たちとともに祈ってくださるのです。そればかりでなく、かつて弟子たちを愛し、その罪をゆるしてくださったように、自分たちのありようのすべてを受け入れてくださるイエスをそこに見出すことができるのです。さらに、私たちのためにご自分のいのちそのものを投げ出し、与え尽くしていてくださるイエス・キリストの、愛のいのちのうちに包み込まれている自分たちをそこに見出すのです。

このような信仰に立ってミサを受け止めることができるとき、私たちはミサにおいてイエス・キリストによって立ち上がらされ、イエスによって養われ、イエスによって生かされるのです。ミサのうちに現存されるイエスへの信仰がそれを可能にするのです。

ミサに参加することは、私たちのイエス・キリストに対する信仰の行為であり、イエス・キリストに対する私たちの憧れの表明です。この信仰に基づく憧れに生きるなら、ミサの形が表現しているイエス・キリストの私たちに向けられている愛と、それに応えようとする私たちの愛の出会い、愛によるつながりを、素直に大いなる喜びをもって受け入れていくことができるでしょう。

ミサをミサとして成り立たせるものは、私たちの側から考えれば、イエスへの私たちのひたすらなる憧れなのです。そのような憧れさえあれば、私たちはミサの中に私たちにとってのいのちの泉を見出していけることでしょう。ミサの中に込められ、表されているイエス・キリストの私たちに対する想いと、そのミサに与ることによって、表明される私たちのイエス・キリストへの想いが一つに結ばれることを願って、第二部ではミサ式次第に沿ってミサそのものを味わってまいりましょう。

第二部　ミサ式次第に沿って

＊本書の式次第は、基本的なミサの流れを理解するために主日典礼用を基本として編纂されています。
＊学校などで使用される場合には、状況に応じて変更、工夫されることもあります。
＊下記のミサ式次第の図の中で、●はミサの進行箇所を表しています。
＊本文中の◆印は全員で唱えることを表しています。

●Ⅰ開　祭
入祭の歌とはじめのあいさつ
回心の祈り
あわれみの賛歌
栄光の賛歌（年間と復活節）
集会祈願
Ⅱことばの典礼
聖書朗読
第一朗読　（主に旧約聖書）
答唱詩編
第二朗読　使徒書
アレルヤ唱（四旬節には詠唱）
福音朗読　福音書
説　教
信仰宣言
共同祈願
Ⅲ感謝の典礼
供えものの準備
奉納の歌と行列（献金）
パンとぶどう酒を供える祈り
奉納祈願
奉献文　―感謝の祈り―
叙唱と感謝の賛歌
奉献文
交わりの儀
主の祈り
平和を願う祈りとあいさつ
平和の賛歌
拝　領
拝領祈願
Ⅳ閉　祭
派遣の祝福

Ⅰ 開祭

入祭の歌

□『典礼聖歌』や『カトリック聖歌集』などを使って全員で入祭の歌を歌います。

※当日の聖歌の番号は、祭壇の脇などに掲示されています。

ミサはイエス・キリストによって呼び集められた人々の集いです。この集いは何よりもまず、イエス・キリストの招きによるものです。私がそうであるように、私の周囲にともにミサに参加しているすべての人々は、イエスによって招かれ、その招きに応えている人々なのです。私とそれらの人々はイエスの招きによってつながれているのです。このような間柄を、信仰における兄弟・姉妹と表現します。それは必ずしも、私たち人間同士の親近感に基づくものではありません。信仰において初めて受け入れることのできる間柄です。

今まで述べてきたような信仰の立場に立てば、どのような人々も、兄弟姉妹として認め、受け入れていくことができるはずです。私たちの実感がいつもそれに伴わなくとも、信仰においてこのことを受け入れていく必要があります。そうでなければ、いわば気の合ったもの同士が作り出す私たちの集いは、イエスの招きによる集いではなくなってしまうことでしょう。教会の人間関係はこのようなミサの集いを基礎とするとき、初めて教会にふさわしいものとなることでしょう。

さらに、ミサにおける集いは、キリストの招きによるものであることによって、実際にそこに集まっている私たちだけのものではなく、キリストの招きに応えたすべての信仰における兄弟姉妹たちとのつながりの中にある集いでもあります。さらには、今はそれを受け入れてはいないけれども、イエスの招きの対象となっているすべての人々に向けてもこの集いは開かれているのです。このようなキリストの招きの広がりの中で、私たちもキリストに招かれ、キリストのミサに参加させていただいているのです。

私たちを招いてくださっている主との出会いに胸を高鳴らせて、旧約のイスラエルの人々がエルサレムの神殿に詣でるときに歌ったように、心からの喜びをもって、ともに入祭の歌を歌いましょう。

あいさつ

□全員で十字架のしるしをしながら唱えます。◆は全員で唱えます。

父と子と聖霊のみ名によって。

◆アーメン。

主イエス・キリストの恵み、神の愛、
聖霊の交わりが皆さんとともに。

（または）

主イエス・キリストによって、神である父からの恵みと平和が皆さんとともに。

（または）

主は皆さんとともに。

◆また司祭とともに。

ミサの始めに、ミサを司式する司祭と私たち一同は互いにあいさつを交わし合います。

「主イエス・キリストの恵み、神の愛、聖霊の交わりが皆さんとともに」。

あいさつにしては何と風変わりなあいさつであることでしょう。聖書に起源を持つこのあいさつのことばによって、私たちは互いに交わし合っている、日常のあいさつによるお付き合いの世界から、神の恵みよってもたらされる、真の平和の交わりの世界へと招き入れられるのです。司祭のこのあいさつのことばは、イエス・キリストの招きによって私たちのうちに実現している事柄の宣言でもあり、私たちの集いがこのあいさつのことばにふさわしいものとなるようにとの願いをこめた招きでもあります。ミサの集いは、このようなあいさつによって始まる集いであることを心にとどめたいと思います。

回心

皆さん、神聖な祭りを祝う前に、わたしたちの犯した罪を認めましょう。
(または)
皆さん、わたしたちの罪を思い、感謝の祭儀を祝う前に心を改めましょう。

※次の形式の中から司祭が唱える。

（第一形式）

全能の神と、

◆**兄弟の皆さんに告白します。わたしは、思い、ことば、行い、怠りによってたびたび罪を犯しました。聖母マリア、すべての天使と聖人、そして兄弟の皆さん、罪深いわたしのために神に祈ってください。**

（第二形式）

神よ、

◆**罪深いわたしたちをあわれみ、いつくしみを示し、救いをお与えください。**

（第三形式）　※この形式では、「あわれみの賛歌」（48ページ）は省かれます。

（打ち砕かれた心をいやすために遣わされた）主よ、あわれみたまえ。

◆**主よ、あわれみたまえ。**

（罪びとを招くために来られた）キリスト、あわれみたまえ。

◆**キリスト、あわれみたまえ。**

（父の右の座にあってわたしたちのためにとりなしてくださる）主よ、あわれみたまえ。

◆主よ、あわれみたまえ。

全能の神がわたしたちをあわれみ、罪をゆるし、永遠のいのちに導いてくださいますように。

◆アーメン。

主によって招き入れられた、このような広がりの世界を実際に生きられていない私たちがいます。自分のことにしか、あるいは、せいぜい自分にとって大切な者たちのことにしか、関心を向けることのできない私たちです。イエスに憧れつつも、自分の狭さにとらわれている、私たちの現実のありようを反省しつつ、イエスに、そしてともに招かれている兄弟たちにゆるしを乞うことなしに、このイエスによる招きの集いに加わることはできません。ミサの始まりに当たって、私たちはそのようなゆるしを願って回心の祈りを唱えます。

●印は現在の箇所を示しています

Ⅰ 開　祭
- 入祭の歌とはじめのあいさつ
- ● 回心の祈り
- あわれみの賛歌
- 栄光の賛歌（年間と復活節）
- 集会祈願

Ⅱ ことばの典礼
- 聖書朗読
  - 第一朗読（主に旧約聖書）
  - 答唱詩編
  - 第二朗読　使徒書
  - アレルヤ唱（四旬節には詠唱）
  - 福音朗読　福音書
- 説　教
- 信仰宣言
- 共同祈願

Ⅲ 感謝の典礼
- 供えものの準備
  - 奉納の歌と行列（献金）
  - パンとぶどう酒を供える祈り
  - 奉納祈願
- 奉献文　―感謝の祈り―
  - 叙唱と感謝の賛歌
  - 奉献文
- 交わりの儀
  - 主の祈り
  - 平和を願う祈りとあいさつ
  - 平和の賛歌
  - 拝　領
  - 拝領祈願

Ⅳ 閉　祭
- 派遣の祝福

ミサに集う私たちは、招いてくださったイエスの広く細やかな心に憧れつつも、自らの狭さと頑なさにとらわれた者たちです。そのような私たちをゆるし、受け入れ、新たな交わりの世界へと招いてくださるイエスのおかげで、私たちは自分たちのありようにもかかわらず、一つになって集う可能性を現実に与えられているのです。

あわれみの賛歌

主よ、あわれみたまえ。
◆**主よ、あわれみたまえ。**
キリスト、あわれみたまえ。
◆**キリスト、あわれみたまえ。**
主よ、あわれみたまえ。
◆**主よ、あわれみたまえ。**

イエスのゆるしの恵みが本当に分かれば、ミサは私たちにとって力となっていくことでしょう。もはや、人間関係の摩擦と衝突に、それほど悩まなくてもよいことが分かってくるはずです。お互い同士、本当には分かり合えない私たちがいてもいいのです。そのような私たちのすべてをご存知の方が、私たちをともに呼び、招いていてくださっているのです。私たちがそのような者であるからこそ、イエスはこのミサの交わりの中に私たちを招いてくださるのです。

イエスのそのような招きの広がりの中に身を置くことによって、私たちの硬い心は変えられていきます。自分の努力では、心から他人をゆるすことができない自分に気付いたとき、私たちはイエスのいつくしみの豊かさ、広さに気付いていきます。そして、あわれみの賛歌をともに歌うことができるのです。あわれみを乞う以上に、イエスのいつくしみの圧倒的な力、私たちの限界を超え、私たちを結び合わせるイエスのいつくしみの大きさをほめたたえるのです。

栄光の賛歌

天のいと高きところには神に栄光、

◆地には善意の人に平和あれ。
われら主をほめ、主をたたえ、
主を拝み、主をあがめ、
主の大いなる栄光のゆえに感謝し奉《たてまつ》る。
神なる主、天の王、全能の父なる神よ。
主なる御《おん》ひとり子、イエス・キリストよ。
神なる主、神の小羊、父のみ子よ。
世の罪を除きたもう主よ、
われらをあわれみたまえ。
世の罪を除きたもう主よ、
われらの願いを聞き入れたまえ。
父の右に座したもう主よ、
われらをあわれみたまえ。
主のみ聖なり、主のみ王なり、
主のみいと高し、イエス・キリストよ。

聖霊とともに、父なる神の栄光のうちに。
アーメン。

イエスによって呼び集められ、イエスのいつくしみのうちに一つにされた私たちは、いつくしみの本源である父なる神の栄光をたたえます。私たちにとって神の栄光といつくしみは一体のものです。私たちはイエスにおいて示された神のいつくしみのうちに、神の栄光の何たるかを知ったのです。自分と自分の日常の狭さから抜け出すすべを知らない私たちを、イエス・キリストによってご自分の子らとして再生させてくださった、父なる神の大いなる力を、「天のいと高きところには神に栄光」とほめたたえるのです。

イエス・キリストにおいて示された神のいつくしみに身をゆだね、そのいつくしみを確信して、神をたたえることができるとき、私たちは初めて真実の平和を見出します。そして、「地には善意の人に平和あれ」と歌うことができるのです。善意の人とは、神のいつくしみに全身全霊をもって応える人のことです。

イエス・キリストは神の小羊として、十字架の上で私たちのためにいのちを犠牲としてささげてくださいました。このイエスの救いのみわざを信じ、イエスが十字架の死をもって示してくださった愛の尊さに身をゆだねるとき、イエスにおいて私たちをご自分のもとに呼び戻そうとされている神のいつくしみは、その栄光の力を発揮し、私たちに真実の安らぎを、平和をもたらすものとなるのです。

黙示録の作者が聖なる幻のうちに見たように、私たちの救い主である神の小羊イエス・キリストは今や、この世のすべての権威と権力を超えた唯一の主として神の右に座しておられるのです。そのお方のいつくしみのうちに招かれた者たちとして、感謝のうちにこの賛歌を歌うとき、私たちは現世の生の只中にありながら、栄光に満ちあふれる神のみ国に招かれた者たちとして、父と子と聖霊なる三位の神の栄光をほめたたえるのです。

集会祈願

……祈りましょう。

（集会祈願）……聖霊の交わりの中で、あなたとともに世々に生き、支配しておられる御子、わたしたちの主イエス・キリストによって。

◆アーメン。

※当日の集会祈願は、『聖書と典礼』(教会で配布される会衆用ミサリーフレット)などに掲載されています。

ミサの祈りは、何よりもイエス・キリストによって招き集められた者たちの共同の祈りです。けれども、私たち一人ひとりは、それぞれの人生の歩みの中でイエス・キリストと出会った者たちです。そのイエスとの出会いは私たち一人ひとりにとって最も個人的な体験です。人に語ることはできても、他の人がまったく同じ体験をすることはできない、私とイエスとの間だけの最も内密な出会いの出来事です。

それなら、私たちの祈りは、そのような出会いの相手であるイエスとの、他の人には最終的には了解し得ない最も個人的な語らいでもあるはずです。そして、そのようにならなければならないのです。このことなしに、私たちの祈りはその生命の根源に達することなく、枯渇していってしまうことでしょう。

●印は現在の箇所を示しています

I 開　祭
入祭の歌とはじめのあいさつ
回心の祈り
あわれみの賛歌
栄光の賛歌(年間と復活節)
● 集会祈願
II ことばの典礼
聖書朗読
第一朗読　(主に旧約聖書)
答唱詩編
第二朗読　使徒書
アレルヤ唱(四旬節には詠唱)
福音朗読　福音書
説　教
信仰宣言
共同祈願
III 感謝の典礼
供えものの準備
奉納の歌と行列(献金)
パンとぶどう酒を供える祈り
奉納祈願
奉献文　―感謝の祈り―
叙唱と感謝の賛歌
奉献文
交わりの儀
主の祈り
平和を願う祈りとあいさつ
平和の賛歌
拝　領
拝領祈願
IV 閉　祭
派遣の祝福

けれども、他者とはまったく異なる私たち一人ひとりの体験に共通していることは、みなそれぞれにイエス・キリストと出会わせていただいたということです。このことが、ともに祈る私たちを結んでいるのです。最も個人的な、最も内面的な祈りにおいても、私たちはイエスの招きによって結ばれているのです。そして、ミサにおける祈りはいつもそのような祈りの形をとるのです。

私たちは集団の中に埋没するのではありません。自分を忘れて、集団的熱狂に身をゆだねるのではありません。お仕着せの画一化によって、個性を奪い去られるのではありません。むしろ、私たちは最も個人的なイエスとの体験を持ち寄ることによって、ともに祈ることができるようになるのです。

私たちが同じ信仰を持っているから、ともに祈るのではありません。私たちの生と同様に、私たちの信仰はまったく独自なものです。けれども、イエスは私と出会ってくださったように、私とは違った形で、他のすべての兄弟姉妹とも出会ってくださったのです。私はイエスとの出会いにおいてそのことを知ったのです。だから、イエスを大切に思うがゆえに、私にはうかがい知ることができない、他の兄弟姉妹たちのイエスとの出会いに敬意を払うことができるのです。

そのような、イエスを囲む兄弟姉妹への敬意に満ちた、また、自分自身も満たされた雰囲気の中で、初めて私たちはミサの祈りをともに祈ることができるようになるのです。こうして、集会祈願は皆を代表して司祭一人によって唱えられてはいても、すべての人の最も個人的な祈りを内包し、それによって彩られた祈りとなります。私たちはともに祈りながらも、一人ひとりが主体的になることによって、イエスの祈りに結ばれた共同体の一員となるのです。

Ⅱ　ことばの典礼

「みことばの食卓」

福音書には、ガリラヤ湖のほとりや会堂で人々にみことばを語るイエスと、イエスに耳を傾ける大勢の人々の姿がたびたび描かれています。ミサに招かれた私たちも、イエスを囲んでみことばに耳を傾けたいと思います。イエスはみことばを語るだけではなく、神のみことばそのものであるお方です。ミサにおいて私たちは聖体のうちに現存されるイエスに養われるだけではなく、みことばとして現存されるイエスによっても、いのちの糧《かて》をいただくのです。

「みことばとしての聖書」

聖書が本来の独自性を余すところなく発揮するのは、ミサにおいて朗読されるときです。朗読する人の声を通して、文字に書かれた聖書のことばは、みことばとしてミサの中で響きます。聖書の多くの部分はもともと神の民の集会で語り継がれていたことを書き記すか、神の民の集会において読み聞かせるために書かれたのです。旧約の神の民に起源を持つ、読み上げられ、聴かれるべきものとしての聖書のこのような性格は、神の民の伝統として、今も私たちのミサの中で大切に保たれているのです。

「典礼暦を通して」

私たちの生活は一年の暦のめぐりの中で営まれ、年を重ね、その時の流れの中で、私たちはそれぞれの人生を形成してゆきます。ミサによって養われる私たちの信仰のいのちも、一年のサイクルで巡ってくる教会の暦、典礼暦によって時を刻み、その時その時の恵みの中に成長していくのです。時の流れの中で営まれる私たちの生活と、その積み重ねによって形成される私たちの人生は、ミサに参加することによって、典礼暦に従って祝われるイエス・キリストの神秘に結ばれた生活、イエス・キリストの神秘に結ばれた人生とされていくのです。

一年の典礼暦の中心的な祝いは、言うまでもなく、イエス・キリストの十字架の死と復活によってもたらされた救いの出来事を祝う過越《すぎこし》の神秘の祝いです。

「聖なる過越の三日間」の典礼は、教会の全ての典礼の中心をなすもので、年間のすべての主日は、私たちの救いのために十字架上でいのちをささげ、死んで復活されたイエス・キリストの過越の神秘を祝う祭りです。典礼暦のもう一つの中心である降誕祭は、私たちの救いのために私たちと同じ一人の人間としてこの世にお生まれになった、父なる神の子の受肉の神秘を祝う祝いです。典礼暦の季節を追って見ると分かるように、典礼暦の一年のサイクルはこの二つのイエス・キリストの神秘を中心として定められています。

「聖書の朗読配分」

典礼暦は降誕祭の準備の待降節から始まり、降誕祭とそれに続く降誕節。聖なる過越の三日間の典礼と復活祭に向けて、洗礼志願者たちとともに歩む、共同体全体の回心のときである四旬節。復活祭に続く、聖霊降臨の主日までの復活節という特別な季節の部分と、そのほかの特別な祭日を除く年間の部分に分けられます。季節の聖書朗読はその祭日や季節にふさわしいテーマに沿って、三つの聖書箇所が選ばれています。

季節と祭日以外の年間の主日には、三年周期で福音書の主な箇所が朗読されるように配分され、第一朗読は福音の内容に関連した旧約聖書内容の箇所が、第二朗読は使徒書の主要な箇所を継続的に聴くことができるよう選ばれています。

聖書　第一朗読

（聖書の朗読）……。神に感謝。

※当日の聖書の朗読箇所は、『聖書と典礼』などに掲載されています。

エマオへの道を行く二人の弟子の心を開いて、復活の主が語りかけてくださったみことばを聴くように、また、聖霊降臨の恵みを受けた使徒たちが熱く語る宣教のことばに耳を傾けた人々のように、第一朗読のみことばに耳を傾けましょう。

第一朗読の聖書の箇所は主として旧約聖書から当日の福音の内容との関連で選ばれています。また、復活節には使徒言行録の主な箇所が継続的に朗読されます。

ミサの中でみことばを深く味わうことができるよう、あらかじめ当日の聖書箇所を、その前後関係や福音の箇所との関係を考えながら読んでおくことをお勧めします。ミサのみことばの祭儀と日ごろの聖書の学びが結び合わされて、より一層、みことばに養われる体験を深めることができるでしょう。

●印は現在の箇所を示しています

Ⅰ開　祭
- 入祭の歌とはじめのあいさつ
- 回心の祈り
- あわれみの賛歌
- 栄光の賛歌（年間と復活節）
- 集会祈願

Ⅱことばの典礼
- 聖書朗読
  - ●第一朗読（主に旧約聖書）
  - 答唱詩編
  - 第二朗読　使徒書
  - アレルヤ唱（四旬節には詠唱）
  - 福音朗読　福音書
- 説　教
- 信仰宣言
- 共同祈願

Ⅲ感謝の典礼
- 供えものの準備
  - 奉納の歌と行列（献金）
  - パンとぶどう酒を供える祈り
  - 奉納祈願
- 奉献文　―感謝の祈り―
  - 叙唱と感謝の賛歌
  - 奉献文
- 交わりの儀
  - 主の祈り
  - 平和を願う祈りとあいさつ
  - 平和の賛歌
  - 拝　領
  - 拝領祈願

Ⅳ閉　祭
- 派遣の祝福

答唱詩編

□『典礼聖歌』などを使って詩編を歌うか、唱えます。

※当日の聖歌の番号は、祭壇の両脇などに掲示されています。『聖書と典礼』では答唱の楽譜が掲載されています。

朗読されたみことばを心のうちに深く受け止めるようしばらく沈黙のうちに祈った後、みことばに応えて答唱詩編を歌うか、唱えます。

みことばを通して語りかけてくださる神に応えて旧約の神の民がそうしたように、詩編のことばに託して、あるいは詩編のことばと同じ想いに結ばれて、私たちの神への想いを歌いましょう。

聖書　第二朗読

（聖書の朗読）……。神に感謝。
※当日の聖書の朗読箇所は、『聖書と典礼』などに掲載されています。

新約聖書の書簡や黙示録からの箇所が第二朗読として朗読されます。これらのいわゆる使徒書のメッセージは、教会の最初の時代のキリスト者たちが生きた、具体的な状況を伝えるとともに、イエス・キリストに従う者たちの基本的な生き方を指し示しています。時代と状況は異なっていても、この世界の中で、イエス・キリストに従おうとする者たちの生き方は、基本的に同じ脅威にさらされ、同じ希望に支えられています。聖書に収められた使徒たちのことばは、現代に生きる私たちにもキリスト者の生き方の規範を示し、具体的示唆を与えるものです。

アレルヤ唱（または詠唱）

※当日のアレルヤ唱や、詠唱（四旬節中）の楽譜は、『典礼聖歌』や『聖書と典礼』などに掲載されています。

第二朗読のみことばをしばらく沈黙のうちに味わった後、立ってアレルヤ唱（四旬節には詠唱）を歌います。

ミサに招かれ、主のもとに集ったわたしたちは、今日も福音のみことばをもって語りかけてくださる主を、敬意に満ちた喜びのうちに迎えます。立って「アレルヤ（主を賛美せよ）」と歌うのはそのためです。

聖書　福音朗読

主は皆さんとともに。

◆また司祭とともに。

（福音書名）による福音。

◆主に栄光。

□「主に栄光」と唱えながら、自分の額、口、胸に十字架のしるしをします。

（福音の朗読）……キリストに賛美。

※当日の福音朗読の箇所は、『聖書と典礼』などに掲載されています。

◆キリストに賛美。

福音のみことばが司祭または助祭によって朗読されます。「主は皆さんとともに」「また司祭とともに」と応答して、福音のみことばによって私たちを招いてくださる主の現存をあらためて確認し、「主に栄光」と、みことばとして私たちを訪れてくださる主を賛美しながら朗読される福音のみことばに耳を傾けます。

かつて人々を導き、人々の人生を照らし、一人ひとりを新たな旅立ちへと招かれたイエス・キリストが、今、ここに集う私たち一人ひとりの人生に向かって語りかけ、呼びかけてくださるのです。そのイエスのみことばに私たちの人生の行く手を指し示す光を見出したいと思います。

そのような思いで一つになることによって、それぞれの生きる境遇は違っていても、私たちはみな、イエス・キリストの弟子として、イエス・キリストに従う者たちとして、ひとつに結ばれていくのです。キリスト者である私たちの一人ひとりの独自性とお互い同士の共通点はここにあります。このことがミサにおいて確認されることによって、私たちの教会は、みことばを土台とした信じる者たちの共同体として成長していくのです。

説教

説教が聖書朗読に続きます。カトリック教会の伝統に基づく現行の制度においては、ミサの説教者の役割は教皇・司教・司祭・助祭に限られています。このことは、必ずしもこの人々が他のキリスト者よりも、学識や徳において優れているからという理由に基づくのではありません。もちろん、彼らはその役目のために多くのことを学び、必要な特別の訓練を積んで、その務めに任じられた者たちです。けれども、この役割自体は彼らの努力によって獲得されたものではありません。

教役者（教皇・司教・司祭・助祭）に限られたこの務めは、カトリックの教会においては、イエス・キリストにその起源を持つと信じられ、叙階の恵みによって受け継がれてきた教会の教役者制度の一部なのです。この制度の中で、キリストとその教会による任命として、司祭、助祭たちは使徒たちの後継者である司教の権限のもとでこの役務に任じられ、その務めに従事しているのです。

説教はそれが理想的になされるなら、イエスの福音をミサの中で生き生きと再現するような、みことばの解き明かしとなります。けれども、説教はやはり人間のことばを通しての、イエスのメッセージであることを忘れてはなりません。

説教そのものはそれを語る司祭の人間的資質に制約され、その信仰理解を反映したものです。キリストのように語ることのできる人は誰もいません。司祭はキリストの名によって説教し、キリストからの委託を受けた者として語っているのですが、その語る内容自体は彼の人間的努力の産物です。まさにこのことが、キリストのメッセージを伝える手段としての説教に独自の性格を与えているのです。

説教は人間（教役者）の貧しさを通して語る、イエス・キリストのみことばです。説教を語る者も、説教を聴く者も、聖霊の照らしを願いながら、そこで語り、聴かれる人間のことばの

●印は現在の箇所を示しています

Ⅰ開　祭
- 入祭の歌とはじめのあいさつ
- 回心の祈り
- あわれみの賛歌
- 栄光の賛歌（年間と復活節）
- 集会祈願

Ⅱことばの典礼
- 聖書朗読
  - 第一朗読（主に旧約聖書）
  - 答唱詩編
  - 第二朗読　使徒書
  - アレルヤ唱（四旬節には詠唱）
  - 福音朗読　福音書
- ●説　教
- 信仰宣言
- 共同祈願

Ⅲ感謝の典礼
- 供えものの準備
  - 奉納の歌と行列（献金）
  - パンとぶどう酒を供える祈り
  - 奉納祈願
- 奉献文　—感謝の祈り—
  - 叙唱と感謝の賛歌
  - 奉献文
- 交わりの儀
  - 主の祈り
  - 平和を願う祈りとあいさつ
  - 平和の賛歌
  - 拝　領
  - 拝領祈願

Ⅳ閉　祭
- 派遣の祝福

背後に、イエス・キリストの思いを汲み取ろうとするとき、説教を通してイエス・キリストご自身が語っておられることが分かってくるはずです。このようなものとして聴かれるときにのみ、説教はそれを語る司祭のことばを超えて、聖霊の働きに支えられて、イエス・キリストのみことばとなるのです。

信仰宣言

□次のいずれかの形式を全員で唱えます。

「使徒信条」

◆天地の創造主、
全能の父である神を信じます。
父のひとり子、わたしたちの主
イエス・キリストを信じます。
主は聖霊によってやどり、

おとめマリアから生まれ、
ポンティオ・ピラトのもとで苦しみを受け、
十字架につけられて死に、葬られ、
陰府《よみ》に下り、
三日目に死者のうちから復活し、
天に昇って、
全能の父である神の右の座に着き、
生者《せいしゃ》と死者を裁くために来られます。
聖霊を信じ、
聖なる普遍の教会、
聖徒の交わり、
罪のゆるし、
からだの復活、
永遠のいのちを信じます。
アーメン。

「ニケア・コンスタンチノープル信条」

◆わたしは信じます。

唯一の神、全能の父、

天と地、見えるもの、見えないもの、すべてのものの造り主を。

わたしは信じます。唯一の主イエス・キリストを。

主は神のひとり子、

すべてに先立って父より生まれ、

神よりの神、光よりの光、まことの神よりのまことの神、

造られることなく生まれ、父と一体。

すべては主によって造られました。

主は、わたしたち人類のため、

わたしたちの救いのために天からくだり、

聖霊によって、おとめマリアよりからだを受け、

人となられました。

ポンティオ・ピラトのもとで、わたしたちのために十字架につけられ、
苦しみを受け、葬られ、
聖書にあるとおり三日目に復活し、
天に昇り、父の右の座に着いておられます。
主は、生者《せいしゃ》と死者を裁くために栄光のうちに再び来られます。
その国は終わることがありません。
わたしは信じます。
主であり、いのちの与え主である聖霊を。
聖霊は、父と子から出て、
父と子とともに礼拝され、栄光を受け、
また預言者をとおして語られました。
わたしは、聖なる、普遍の、使徒的、唯一の教会を信じます。
罪のゆるしをもたらす唯一の洗礼を認め、
死者の復活と来世のいのちを待ち望みます。
アーメン。

イエスによって呼び集められ、イエスのみことばに耳を傾けた私たちは、信仰の応答をもってこれに応えなければなりません。ミサの中の信仰宣言は、私たちのイエス・キリストへの応答の核となるものです。信仰宣言の一つ一つの文言に心をとどめて、それがイエスへの信仰告白となるよう、その意味を吟味しながら唱えたいと思います。

洗礼の恵みをいただいたとき、私たちは聖霊を注がれて、この信仰に導き入れられ、キリストを信じる者となりました。ミサのたびに、洗礼のときの自分に立ち戻り、新たな心で、イエス・キリストとその福音を受け入れる信仰告白を新たにしたいと思います。

この信仰宣言によって、個々の私たちはイエス・キリストへの信仰によって結ばれた、共同体としての教会の一員であることを感謝のうちに再確認するのです。こうして私たちは、自分の生とは無関係なところで行われるミサの傍観者ではなく、自分もその一員とされた、信仰の共同体の祭りとしてのミサの主体的参加者となるのです。

共同祈願

※祈りへの招きが司祭によって唱えられ、先唱者が意向を唱えるたびに、答唱句を全員で唱えます。通常は次の順序で行われます。①教会の必要のため、②国政に携わる人々と全世界の救いのため、③困難に悩む人々のため、④現地の共同体のため。最後に結びの祈りを司祭が唱えます。例文は『聖書と典礼』などにも掲載されています。

祈りましょう。……。

（共同祈願）……。

◆（――例―― 私たちの祈りを聞き入れてください）。

信仰宣言に続いて、共同祈願が唱えられます。この共同祈願だけはミサの中で、祈りのことばがあらかじめ指定されていない、そこに集まった私たちの自発的なことばによる祈りとなっています。

けれども、それはまったく任意の祈りではありません。イエ

●印は現在の箇所を示しています

Ⅰ 開 祭
- 入祭の歌とはじめのあいさつ
- 回心の祈り
- あわれみの賛歌
- 栄光の賛歌（年間と復活節）
- 集会祈願

Ⅱ ことばの典礼
- 聖書朗読
  - 第一朗読（主に旧約聖書）
  - 答唱詩編
  - 第二朗読 使徒書
  - アレルヤ唱（四旬節には詠唱）
  - 福音朗読 福音書
- 説 教
- 信仰宣言
- ● 共同祈願

Ⅲ 感謝の典礼
- 供えものの準備
  - 奉納の歌と行列（献金）
  - パンとぶどう酒を供える祈り
  - 奉納祈願
- 奉献文 ―感謝の祈り―
  - 叙唱と感謝の賛歌
  - 奉献文
- 交わりの儀
  - 主の祈り
  - 平和を願う祈りとあいさつ
  - 平和の賛歌
  - 拝 領
  - 拝領祈願

Ⅳ 閉 祭
- 派遣の祝福

スのみことばを聴いた私たちは、そのイエスのことばが私たちの生活の中に生きたものとなることを願わずにはいられません。そうでなければ、私たちは本当にイエスのことばを聴き、受け入れたことにはならないのです。

イエス・キリストのことばが私たちの生活の場である現実の社会をよりよく変えていく力であることを信じたからこそ、私たちはイエス・キリストを救い主として信じたのです。従って、共同祈願は私たちの個人的な願いも含めて、私たちの現実の世界のありさまを射程に入れた祈りとならなければなりません。

現実の社会のありさまがイエス・キリストへの私たちの信仰とは無縁であると思い込んでしまうとき、私たちは自らの信仰を裏切ることになるのです。この社会の問題の解決を祈らない祈りは、真のキリスト者の祈りとはならないのです。私たちが祈るのではありません。それはイエス・キリストとの共同の祈りです。イエス・キリストご自身が、私たちの祈りの中で祈ってくださり、私たちの祈りを通してキリストの祈りが、この社会の現実の中に広がっていくのです。この現実の社会がどのようなものであろうと、私たちの祈りを通して、イエスのやさしさに包まれた社会に変えられていくのです。私たちの祈りは社会の現実に背を向けた無用な繰り言となってはならないのです。

Ⅲ　感謝の典礼

「最後の晩餐の記念」

ミサは私たちの中におけるイエス・キリストの現存を示す場です。これまで述べてきたように、ミサ全体がそのものとして、私たちの中におけるイエス・キリストの現存のしるしとなっています。

けれども、それを最も神秘的に、かつまた、感覚的に表現しているのは、パンとぶどう酒の形におけるキリストの現存、すなわち、イエス・キリストの聖体です。その意味でキリストの聖体を中心とする、この第二の部分（Ⅲ　感謝の典礼）はミサの中心、頂点であると言えます。

第一の部分（Ⅱ　ことばの典礼）で、イエス・キリストのみことばに耳を傾け、みことばを受け入れて、イエス・キリストが示されたように生きたいという思いを新たにした私たちは、この第二の部分において、そのような私たちを受け入れ、招きよせてくださるイエス・キリストの懐にさらに引き寄せられ、近付いていくのです。

ミサのこの第二の部分の中心は最後の晩餐の記念です。弟子たちと囲むこの食卓を最後の晩餐と位置付けたのは、福音書が語るところによれば、イエス・キリストご自身です。

イエスはご自分の生涯の最後の、弟子たちとの別れの食卓としてこの晩餐をともにされ、ご自分の死を目前に意識しつつ、食事の席でのあのような行為とことばを残されたのです。従って、弟子たちとともに食卓についたイエスの意識においては、最後の晩餐と十字架における死とは密接に結びついており、最後の晩餐におけるイエスの行為とことばには、イエスがご自分の死をどのようなものと理解し、受け止めておられたかが示されているのです。

最後の晩餐のときには、弟子たちはその意味を理解できなかったかもしれません。しかし、十字架の死と復活という出来事を経て、イエスへの信仰に立ち返った弟子たちは、最後の晩餐におけるイエスの行為とことばを、自分たちへのイエスの、この上ない愛の遺言として受け止めることになります。このようにして、最後の晩餐の記念としてのミサは、単なる記念の儀式にとどまらず、イエス・キリストの十字架の死と復活という、信仰の神秘の中心に私たちを招き入れていくのです。

供えものの準備

□奉納の歌を歌います。通常は献金（金額は任意）が集められます。信者の代表が行列し、感謝の典礼のためのパンとぶどう酒、献金などを奉納します。

神よ、あなたは万物の造り主、
ここに供えるパンはあなたからいただいたもの、
大地の恵み、労働の実り、
わたしたちのいのちの糧となるものです。

◆**神よ、あなたは万物の造り主。**

神よ、あなたは万物の造り主、
ここに供えるぶどう酒はあなたからいただいたもの、
大地の恵み、労働の実り、
わたしたちのいのちの糧となるものです。

◆**神よ、あなたは万物の造り主。**

奉納祈願

皆さん、このささげものを、全能の、神である父が受け入れてくださるように祈りましょう。

（続けて、次のような祈りをすることもあります。）

◆**神の栄光と賛美のため、また全教会とわたしたち自身のために、司祭の手を通しておささげするいけにえをお受けください。**

※司祭により奉納祈願が唱えられます。当日の奉納祈願は、『聖書と典礼』などに掲載されています。

（奉納祈願）……わたしたちの主イエス・キリストによって。

◆**アーメン。**

感謝の典礼の準備のために奉納が行われます。参加者の代表

●印は現在の箇所を示しています

Ⅰ開　祭
入祭の歌とはじめのあいさつ
回心の祈り
あわれみの賛歌
栄光の賛歌（年間と復活節）
集会祈願
Ⅱことばの典礼
聖書朗読
第一朗読（主に旧約聖書）
答唱詩編
第二朗読　使徒書
アレルヤ唱（四旬節には詠唱）
福音朗読　福音書
説　教
信仰宣言
共同祈願
Ⅲ感謝の典礼
供えものの準備
奉納の歌と行列（献金）
パンとぶどう酒を供える祈り
● 奉納祈願
奉献文　―感謝の祈り―
叙唱と感謝の賛歌
奉献文
交わりの儀
主の祈り
平和を願う祈りとあいさつ
平和の賛歌
拝　領
拝領祈願
Ⅳ閉　祭
派遣の祝福

によってパンとぶどう酒が祭壇に運ばれ、司祭はそれを供える前掲の祈りを唱えます。同時に献金の奉納も行われます。奉納行列の間、会衆は奉納の歌を歌います。

奉納はイエスのみことばに応える私たちの応答でもあります。みことばを聴くことは、みことばに応える生き方へと私たちを招きます。イエスのみことばに応えて生きたいという思いが、私たちの生活を変えていくのです。私たちの生活は方向性を持たない日常の単調な繰り返しから、主イエスとともに歩む、父なる神への献身の生活に変えられていくのです。

イエスがその生き方を通して教えておられるように、私たちの生活のすべては、父なる神からの私たちへの恵みであり、私たちに託された父なる神からの使命です。そのすべてを感謝のうちに受け止め、味わい、与えられていることへの感謝をささげたいと思います。

奉納において私たちがささげるものはこの感謝の具体的しるしです。すなわちそれは、私たちの生活にはなくてはならない食べ物と飲み物であり、生活を支える経済です。これらの生きるためにはなくてはならないもの、つまり、私たちの具体的生そのものを、私たちは父なる神に負っているのです。そのことへの感謝は、私たちの生そのものを感謝のうちにささげることなしには、表し得ないことになります。そうでなければ、私たちは神の恵みのうちに生かされている自らの存在の根拠を無視することになり、父なる神に与えられているものを私物化することになってしまうのです。

イエスは、このような私たちの根源的ありようを、その生き方を通して、私たちに示してくださいました。父なる神への私たちの感謝のささげものは、イエス・キリストの十字架の奉献に結ばれることによって、単なる感謝の気持ちのしるしを超えて、私たちの生活そのものの奉献のしるしとなるのです。

司祭が奉納の終わりに、沈黙のうちに唱える祈りのうちにそのことがはっきりと示されています。「神よ、悔い改めるわたしたちを、きょうみこころにかなういけにえとして受け入れてください」。ミサに参加する私たち自身が、イエス・キリストの十字架の死と結ばれて、神へのささげもの、いけにえとなるのです。こうして私たちは自らのいのちをささげて、神と他者のために生きたキリストの生き方に結ばれていくのです。

奉献文　―感謝の祈り―

主は皆さんとともに。

◆また司祭とともに。
心をこめて神を仰ぎ、
◆賛美と感謝をささげましょう。

「わたしの記念としてこれを行いなさい」との主イエス・キリストの招きによって呼び集められた私たちは、弟子たちの時代から受け継がれてきた教会の、イエス・キリストの最後の晩餐を記念する祭儀の中心へと招き入れられます。

この祭儀に立ち会う私たちは、単なる傍観者や参加者の一人に過ぎない者としてではなく、この記念の祭儀をささげる教会の一員としての資格を与えられた者として、ともに、感謝の祭儀をささげるのです。

叙　唱

（聖なる父）……（終わりなくほめ歌います）。

奉献文の最初に司祭は叙唱を唱えます。叙唱は、典礼暦において祝われる祝日や季節に合わせて選ばれる幾通りもの多様な形式がありますが、年間の主日に唱えられる叙唱を例にとってみると、司祭は会衆の前で、神が行ってくださった救いのみわざ、イエス・キリストの死と復活を通して成し遂げられた救いの恵みをたたえ、感謝と賛美へと招きます。

最後の晩餐の中心部に移る前に、この叙唱が唱えられることにより、最後の晩餐がイエス・キリストの十字架の死と復活という決定的な救いのわざを示すものであることが明確にされます。この叙唱において明らかにされる展望において、イエス・キリストというお方の全体像が明らかになります。

すなわち、イエス・キリストは人類を救うために父なる神から遣わされた神の独り子、父なる神が人類の歴史の中に最終的に送られた救い主なのです。キリスト教の信仰におけるイエス・キリストとはこのようなお方に他なりません。キリスト教の信仰は、イエス・キリストをそのようなお方と信じ、受け入れる信仰です。このようなキリスト理解は、後のキリスト者たちが、その信仰によってつむぎ出したものではありません。

イエス・キリストご自身が、そのご生涯、そして、その十字架の死をどのようなものとして把握されておられたかに、その根拠を置いているのです。そのことを最もよく示しているのが、ご自分の死を覚悟した、最後の晩餐の席でのイエスの行為とことばなのです。

感謝の賛歌

□感謝の賛歌を歌うか唱えます。

聖なるかな

◆聖なるかな、聖なるかな、
万軍の神なる主。
主の栄光は天地に満つ。
天のいと高きところにホザンナ。
ほむべきかな、主の名によりて来たる者。
天のいと高きところにホザンナ。

叙唱に続く感謝の賛歌は、このような、イエス・キリストによってもたらされた、神の救いのわざをたたえる歌です。この歌のことばは、旧約聖書に描かれている天上界の天使たちが永遠にわたって神をたたえる賛美の歌です。新約聖書では、同じ歌はイエスのエルサレム入城の際、イエスの到来を迎えた人々によって歌われています。

今、ミサのうちにイエス・キリストを迎えようとしている私たちは、私たちのうちにイエス・キリストを遣わしてくださった神をたたえて、この感謝の賛歌を歌うのです。この歌を歌うことによって、私たちは今ここですでに、永遠の天上界とつながっています。そして、それこそイエス・キリストが私たちを招こうとしておられる至福の世界なのです。

奉献文

※司祭が奉献文を唱えます。四つの主要な奉献文のほかに、「ゆるしの奉献文」と、「種々の機会のミサの奉献文」があります。ここで

●印は現在の箇所を示しています

Ⅰ 開　祭
- 入祭の歌とはじめのあいさつ
- 回心の祈り
- あわれみの賛歌
- 栄光の賛歌（年間と復活節）
- 集会祈願

Ⅱ ことばの典礼
- 聖書朗読
  - 第一朗読　（主に旧約聖書）
  - 答唱詩編
  - 第二朗読　使徒書
  - アレルヤ唱（四旬節には詠唱）
  - 福音朗読　福音書
- 説　教
- 信仰宣言
- 共同祈願

Ⅲ 感謝の典礼
- 供えものの準備
  - 奉納の歌と行列（献金）
  - パンとぶどう酒を供える祈り
  - 奉納祈願
- 奉献文 ―感謝の祈り―
  - ● 叙唱と感謝の賛歌
  - 奉献文
- 交わりの儀
  - 主の祈り
  - 平和を願う祈りとあいさつ
  - 平和の賛歌
  - 拝　領
  - 拝領祈願

Ⅳ 閉　祭
- 派遣の祝福

は第三奉献文を掲載しています。

まことに聖なる父よ、
造られたものはすべて、あなたをほめたたえています。
御子わたしたちの主イエス・キリストを通して、
聖霊の力強い働きにより、
すべてにいのちを与え、とうといものにし、
絶えず人々をあなたの民としてお集めになるからです。
日の出る所から日の沈む所まで、
あなたに清いささげものが供えられるために。
あなたにささげるこの供えものを、
聖霊によってとうといものにしてください。
御子わたしたちの主イエス・キリストの
御《おん》からだと十御《おん》血になりますように。
主のことばに従っていま、わたしたちはこの神秘を祝います。

「聖霊の働きを求める祈り（エピクレーシス）」

最後の晩餐においてイエスがパンとぶどう酒を取って言われた、聖体制定のことばを唱えるにあたって、司祭はまずパンとぶどう酒の上に手を差し伸べながら、聖霊の助けを呼び求めます。こうして、聖霊の働きによって、パンとぶどう酒がイエス・キリストの体と血に変えられることを祈り求めるのです。

私たちがささげたパンとぶどう酒が、イエス・キリストの体と血になるのは、私たち、あるいは、司祭によることではありません。私たちがそう信じるから、そうなるというのでもないのです。この聖霊の助けを願う祈りは、パンとぶどう酒におけるイエス・キリストの現存を可能にするのは、聖霊の働きによることであるという教会の信仰に基づいています。

司祭は父なる神に聖霊を遣わしてくださいと祈ります。聖霊は、イエス・キリストがそうであるように、父なる神からのものです。その聖霊がパンとぶどう酒をイエス・キリストの体と血に変えることによって、私たちのうちにイエス・キリストを現存させるのです。父なる神から遣わされて、イエス・キリストを現存させる神の力、それが、聖霊の働きです。

聖霊の働きが、私たちのささげものであるパンとぶどう酒をイエス・キリストの体と血にするのです。このことは何を意味しているのでしょうか。この物質世界のあらゆるものが持つ意味を根源的に変える力、聖霊はそのような神の力です。どのように変えるか。イエス・キリストご自身に変える。つまり、イエス・キリストが父なる神に対して持っているイエス・キリストのありように変えていくのです。すなわち、すべてのものがイエス・キリストがそうであるように、父なる神に向かい合うものとされていくのです。

私たちのささげものが、私たち自身の献身が、聖霊によってイエス・キリストご自身のありように変えられていく、聖霊とはそのようなことを可能にする、私たちの中に働く、神の力なのです。

イエス・キリストのご聖体における現存への信仰は、このような聖霊に対する信仰と不即不離の関係にあります。最後の晩餐の記念であるミサは、このように、単なる儀式ではなく、キリスト教信仰の最も神秘的な生命の源泉への入口となっているのです。

「制定の叙述と聖別」

主イエスは渡される夜、
パンを取り、あなたに感謝をささげて祝福し、
割って弟子に与えて仰せになりました。
「皆、これを取って食べなさい。
これはあなたがたのために渡される、
わたしのからだ（である）」。

司祭は最後の晩餐のときにイエスが行われたことと、その時のイエスのことばを忠実に叙述します。このことは「わたしの記念としてこれを行いなさい」と言われたイエスのことばに基づいています。こうして、聖霊によって私たちの中に現存させられるイエス・キリストは、どのようなお姿をとったイエスでしょうか。司祭が唱える、最後の晩餐のイエスのことばが指し示すイエス・キリストです。
「皆、これを取って食べなさい。これはあなたがたのために渡される、わたしのからだである」。

私たちを生かすために自らを渡されるイエス・キリスト、そのために自らのいのちを十字架の死に引き渡されるイエス・キリストです。

「友のために自分の命を捨てること、これ以上に大きな愛はない」（ヨハネ15・13）。イエスにおいては、これはただのことばではないことを、私たちは知らされたのです。「敵を愛し、自分を迫害する者のために祈りなさい」（マタイ5・44）。人々の無理解と、憎悪と嘲笑の的になりながら、その人々のために十字架の上に死んでいったイエス・キリスト。あのパンとぶどう酒のうちに、私たちが食べ、飲む聖体のうちに、聖霊はそのようなイエス・キリストの愛のありようを指し示し、現存させているのです。何のためにでしょうか。私たちをも、そのようなイエス・キリストの愛に招くためです。そのような愛を私たちにも可能にするためです。

このようなイエス・キリストのありように招かない霊の働きは、神からの霊ではありません。私たちの自己保全、自己弁明、自己賞賛に帰着するような、心の昂揚をもたらす霊の働きはすべて、聖霊の働きではないことになります。聖霊は決して理解しがたいものではありません。私たちをイエス・キリストの十字架の愛に招く心の動きは、私たちの思いではなく、錯覚ではなく、私たちの中に働く聖霊の呼び声なのです。

「新しい契約の血」

食事の終わりに
同じように杯《さかずき》を取り、
あなたに感謝をささげて祝福し、
弟子に与えて仰せになりました。
「皆、これを受けて飲みなさい。
これはわたしの血の杯、
あなたがたと多くの人のために流されて、
罪のゆるしとなる
新しい永遠の契約の血（である）。
これをわたしの記念として行いなさい」。

「これを受けて飲みなさい。これはわたしの血の杯、あなた

●印は現在の箇所を示しています

Ⅰ開　祭
　入祭の歌とはじめのあいさつ
　回心の祈り
　あわれみの賛歌
　栄光の賛歌（年間と復活節）
　集会祈願
Ⅱことばの典礼
　聖書朗読
　　第一朗読（主に旧約聖書）
　　答唱詩編
　　第二朗読　使徒書
　　アレルヤ唱（四旬節には詠唱）
　　福音朗読　福音書
　説　教
　信仰宣言
　共同祈願
Ⅲ感謝の典礼
　供えものの準備
　　奉納の歌と行列（献金）
　　パンとぶどう酒を供える祈り
　　奉納祈願
　奉献文　—感謝の祈り—
　　叙唱と感謝の賛歌
● 　奉献文
　交わりの儀
　　主の祈り
　　平和を願う祈りとあいさつ
　　平和の賛歌
　　拝　領
　　拝領祈願
Ⅳ閉　祭
　派遣の祝福

がたと多くの人のために流されて、罪のゆるしとなる新しい永遠の契約の血である」。

司祭はぶどう酒の杯を取ってこのように唱えます。新しい契約の血とは何を意味するのでしょうか。それは、古い契約に対する新しい契約の血を意味します。血は言うまでもなく、イエスが十字架上で流された血です。従ってそれは、イエスの十字架の死を指し示しています。イエスの死によって旧約の契約に替わる新しい契約が結ばれたことを、このことばは意味しているのです。

旧約の契約は、旧約の神の民、イスラエルの存在基盤でした。彼らはこの神との契約のうちに自分たちの民族としての存在意義を見出していたのです。旧約聖書を貫く信仰はこのことに集約されます。イスラエルの人々にとって、神とは何よりも、自分たちを選び、自分たちと契約の関係を持ってくださった神です。この神との契約の関係を生きること、それがイスラエルの信仰であり、民族としての使命であったのです。神の民であるイスラエルにとって、信仰とは何よりも、この世界における自分たちの民族としてのありようにかかわる事柄であったのです。

この契約の関係が、イエス・キリストの十字架の死によって根底から新たにされた。キリスト教の信仰はこのことに基づいています。

私たちキリスト者は、イエス・キリストと出会い、イエス・キリストを信じ、イエス・キリストと結ばれることによって、イエス・キリストによって、この新しい、神との契約に入るように招かれているのです。旧約のイスラエルがそうであったように、私たちはこの契約によって神の民とされた者たちであるのです。それがキリスト者の、キリストの教会の自己理解です。キリストの教会の内的意味が、そのアイデンティティーの一端がここに現れています。

教会はキリストへの信仰に結ばれる、すべての人を神の民とするものです。キリストによって新たにされた、神と人類との間の契約のしるしとなること、それが新しい契約における神の民、教会の使命なのです。私たち一人ひとりのキリスト者は、この神の民の一員とされることによって、神の民の使命に生かされる者となるのです。

契約、そして神の民とは、また、それと私たちの信仰はどう関係するのでしょうか。このことを腑《ふ》に落ちるように納得し、理解することは確かに難しいことです。その理解のためには、旧約聖書の契約の理解にさかのぼらねばなりません。

契約は何よりも神のイニシアチブによってもたらされた関係です。イスラエルの祖先たちは生活の糧を求めてエジプトの地に侵入し、そこに住み着いた難民たちでした。周囲の過酷な圧迫の中で、組織もなく、指導者もなく、明日の希望もなく、その日を生きることをもってよしとしなければならない、そのような状況の中に生きることを余儀なくされた人々でした。

そのような彼らに希望の地を指し示し、そこに向かって脱出していく勇気と指導者を与え、そのことによって彼らの中に団結を芽生えさせ、ついには、それまでのその日暮らしの生き様から、一つの目標に向かって、一歩一歩忍耐を持って歩みだす集団へと彼らを変身させたのは、彼らが信じた神でした。

この小さな、外的にも内的にも弱小な一群の人々に、周囲の圧倒的なこの世の勢力に屈せず、むしろ、それらを凌駕《りょうが》し、そのありようを変革させたもの。自分たちを導き出した偉大なお方であり、この世のあらゆる力に勝る、この世の真の支配者であるお方へと帰順させる使命とエネルギーを与えたもの、それが、彼らにとっての神からの契約であったのです。

私たちは、イエス・キリストによって、旧約のイスラエルが、ついには果たし得なかったこの契約の使命に参加すべく招かれた者たちであるのです。

イエス・キリストの生涯と死は、このイスラエルの民の、神の民の使命を生き抜かれたものであったのです。人間の力によっては、ついには果たし得ない、この使命の実現をイエスはその十字架の死によって、可能とする道を開かれたのです。

人間の自己保全の本能が曇らせ、鈍らせてしまう、この使命の純粋な実現。イエスの十字架の死は、その極致の姿なのです。神とのこの契約は、神への完全な献身によるのでなければ、履行不可能であることをイエスは身をもって示すことによって、古い契約を終わらせ、新しい契約をもたらされたのです。私たちはイエスによってもたらされた、この新しい契約の一員となるべく招かれている者たちです。

かつて、エジプトの地で生きたイスラエルの祖先たちと変わるところのない生き方をしていた私たちが、何を目標に生きたらよいか、自分の人生の意味は何なのか、それを示され、それを生きるための力を見出し、日々その力をわが身にいただく、このことの中に、イエス・キリストによって与えられた救いが実現しているのです。

信仰の神秘。

◆主の死を思い、復活をたたえよう、主が来られるまで。

（または）

◆主の死を仰ぎ、復活をたたえ、告げ知らせよう、主が来られるまで。

自分たちの中にご聖体におけるイエス・キリストの現存を迎え、司祭は「信仰の神秘」と歌い、参加者は「主の死を思い、復活をたたえよう、主が来られるまで」と唱和します。

このことばは何を意味しているのでしょうか。今、このミサの中で、私たちの中にご聖体として現存しているイエスのいのちは、かつて、十字架の上で私たちのために、この世に生きるすべての人のためにささげ尽くされた、あの同じイエスのいのちです。

私たちを生かす食べ物、飲み物の形で、今示されているイエスのいのちは、私たちに新しいいのちの出発点を与えるために、十字架の上で与え尽くされたイエスのいのちそのものなのです。そうでなければ、真の最後の晩餐の記念、再現とはなりません。

イエスが十字架の上で成し遂げられたことと、今、私たちがその記念として行っているミサを結び付けているのは、私たちのために与え尽くされている、同じイエスのいのちなのです。そして今、このミサにおいて、私たちに与えられるイエスの現存、イエスのいのちは、それこそが復活のイエス・キリストの現存であり、いのちなのです。

「復活のいのち」

復活のいのちは、この世のあらゆる時空の制約を超えたいのちです。復活のイエスの最初のこの世における顕現《けんげん》は、福音書の記すところによれば、イエスの死の三日後、彼の愛した弟子たちの間で起こったことです。しかし、復活のいのちのありようは、その時点に制約された出来事に過ぎないのではありません。

イエス・キリストをいのちの主と信じたキリスト者たちは、自分たちの間における、自分たちの中における復活の主、イエス・キリストのいのちの現存と、それによって生かされている自分たちのありようを信じてきたのです。そして、このキリスト者たちの復活の主への信仰の最も端的なしるし、証し、それがミサを祝うことであったのです。

ミサを祝うことによって、私たちは、十字架の上で私たちの

●印は現在の箇所を示しています

Ⅰ 開　祭
- 入祭の歌とはじめのあいさつ
- 回心の祈り
- あわれみの賛歌
- 栄光の賛歌（年間と復活節）
- 集会祈願

Ⅱ ことばの典礼
- 聖書朗読
  - 第一朗読（主に旧約聖書）
  - 答唱詩編
  - 第二朗読　使徒書
  - アレルヤ唱（四旬節には詠唱）
  - 福音朗読　福音書
- 説　教
- 信仰宣言
- 共同祈願

Ⅲ 感謝の典礼
- 供えものの準備
  - 奉納の歌と行列　献金
  - パンとぶどう酒を供える祈り
  - 奉納祈願
- 奉献文　―感謝の祈り―
  - 叙唱と感謝の賛歌
  - ● 奉献文
- 交わりの儀
  - 主の祈り
  - 平和を願う祈りとあいさつ
  - 平和の賛歌
  - 拝　領
  - 拝領祈願

Ⅳ 閉　祭
- 派遣の祝福

ために与え尽くされたイエスのいのちを、今も現存して生きておられる復活の主、イエス・キリストのいのちとして、わが身にいただくのです。ミサをささげるたびに私たちは、かつて弟子たちが復活の主の顕現に接したのとまったく同じように、復活のいのちの主との出会いを体験しているのです。

ミサにおいて私たちが経験する復活の主のいのちとの出会いは、しかし、それをもって完結するような形で与えられてはいません。確かに、私たちはミサにおいて復活の主のいのちに養われ、生かされています。けれども、私たちはこの世の生の中にあって、この世の生のありように拘束された者たちです。このことを深く感じれば感じるほど、私たちキリスト者はこの世の自己の生の、いわば、二重性に気付いていくはずです。

復活の主のいのちとの出会いの体験を持つ者として、私たちは死すべきいのちを生きる自分の中に、死をも超えたいのちの次元が開示されつつあることを感じ取っていくのです。自分のうちなる自然のいのちが枯渇していくのを感じれば感じるほどに、与えられている復活のいのちへの憧憬が私たちのうちに熾烈になっていきます。

それは単なる来世願望なのではありません。うちなるいのちの枯渇は、生理的な死への接近がもたらすだけのものではありません。自らの人間としてのいのちを裏切る私たちのありようによって、私たち自らが、自分のいのちの枯渇をもたらしているのです。そのような私たち自身のありよう、人間一般のありようこそが「罪」と言われるものなのです。

私たち自身、本当に素直になれば、決して自分のいのちが枯渇していくことを望むはずはありません。すべてのいのちは、いのちに向かうべく方向付けられているのです。死すべきこの世のいのちにおいて今すでに始まった、復活の主のいのちとの出会いは、それとの完全な一致への願望を私たちの中に、燃え立たせずにはおきません。

主キリストとの完全ないのちの一致、復活の主のいのちそのものの中に、私たちが今のありようを脱して迎え入れられていくこと、それがこの世の生を生きる私たちキリスト者の人生の最終目標として、今、私たちの視野の中に現れてくるのです。

なぜ、「主が来られるまで」なのでしょうか。復活の主との完全な出会い、つまり、復活のいのちの完全な受領は、私たちの生における主キリストの私たちへの顕現によってのみもたらされるものです。私たちはそれを自力で生み出すことも、自らの力によって引き寄せることもできないのです。

今、この世の生を生きつつ、ひたすらなる主キリストへの憧れを自己のうちに保持しつつ、燃え立たせること。主が来られるまで、忍耐強くひたすらに、この世の自己の生き方を、イエス・キリストのそれに近付けるべく努力すること。それがキリスト者としてのこの世の生の課題となるのです。

なぜ、そのような努力が必要となるのでしょうか。それなしには、私たちは自己のうちに、主への憧れを保持し得ないからです。それなしには、再び欲しいままなる、無目的の生き方に堕していってしまうからです。

「信仰の神秘」

これまで述べてきたことは、キリスト教の信仰の根源にかかわる事柄です。そのすべては、信仰の立場に立つことによってのみ開けてくる展望です。

キリスト者は自己の信仰の根源を、それゆえ、信仰によって開かれた自己の生の根源を、このような事柄に負っていると自覚しているのです。この信仰において把握される根源的事実を一言で表すとすれば、それは「信仰の神秘」としか言い表せないのです。

信仰の神秘という、この表現は何を言わんとしているのでしょうか。生命の神秘とか、大自然の神秘、宇宙の神秘というような表現があります。生命の神秘は、生命をまさに生命として成り立たせているものです。大自然の神秘も、宇宙の神秘も同じです。私たち人間はそれを観察し、ある程度解明することはできます。けれども、それを作り出すことはできません。

仮に、人工的に生命や自然や、小宇宙を作り出すことはできたとしても、まさに人工的に作り出されたということによって、そこには、もはや神秘は存在しないことになってしまいます。私たちには神秘を受け入れ、その上に立って、人為のわざを営むことがゆるされています。

しかし、科学技術がどこまで進歩しても、もし私たちが神秘を無視するなら、人為のわざが神秘に依拠していることを忘れるなら、その途端に、すべての人為のわざは崩れ去ることでしょう。このように、根源的神秘が私たち人間の営みのすべてを根底で支えているのです。

信仰の神秘についても同じことが言えます。私たちはそれを観察し、ある程度洞察することはできます。けれども、さらに大切なことは、その神秘の知的理解よりも、神秘を受け止める感性と、それへの畏敬に満ちた帰依です。

キリスト者の生は、この神秘を受け止め、それに生かされた生であると言えましょう。信仰とはこのことの自覚に他なりません。

「ひとつに結ばれますように」

わたしたちはいま、
御子キリストの救いをもたらす
受難・復活・昇天を記念し、
その再臨を待ち望み、
いのちに満ちたこのとうとい
いけにえを感謝してささげます。
あなたの教会のささげものを顧み、
み旨にかなうまことのいけにえとして認め、
受け入れてください。
御子キリストの御からだと御血によって
わたしたちが養われ、
その聖霊に満たされて、

キリストのうちにあって一つのからだ、
一つの心となりますように。

聖霊によってわたしたちが
あなたにささげられた永遠の供えものとなり、
選ばれた人々、神の母おとめマリアと聖ヨセフ、
使徒と殉教者（聖○○○○、（その日の聖人または保護の聖人名））、
すべての聖人とともに神の国を継ぎ、
その取り次ぎによって
絶えず助けられますように。
わたしたちの罪のゆるしとなるこのいけにえが、
全世界の平和と救いのためになりますように。

ミサの第二の部分は、最後の晩餐の記念も含めて、全体とし

●印は現在の箇所を示しています

Ⅰ 開　祭
入祭の歌とはじめのあいさつ
回心の祈り
あわれみの賛歌
栄光の賛歌（年間と復活節）
集会祈願
Ⅱ ことばの典礼
聖書朗読
第一朗読（主に旧約聖書）
答唱詩編
第二朗読　使徒書
アレルヤ唱（四旬節には詠唱）
福音朗読　福音書
説　教
信仰宣言
共同祈願
Ⅲ 感謝の典礼
供えものの準備
奉納の歌と行列（献金）
パンとぶどう酒を供える祈り
奉納祈願
奉献文　―感謝の祈り―
叙唱と感謝の賛歌
● 奉献文
交わりの儀
主の祈り
平和を願う祈りとあいさつ
平和の賛歌
拝　領
拝領祈願
Ⅳ 閉　祭
派遣の祝福

ては、奉献文という一連の祈りの形になっています。奉献文は、聖体として私たちの中に現存する復活のキリストに結ばれて、父なる神に向かう教会の祈りです。ここにもキリストの教会の大切な自己理解が現れてきます。

その第一は、教会は復活の主キリストのいのちに結ばれて、つながれた私たちという理解です。私たち一人ひとりの信仰が私たちから始まるのでなく、イエス・キリストとの出会いから始まるように、教会全体のキリストの教会としての信仰も、それに属するキリスト者たちの同質の信仰から始まるのではなく、まずもって、私たちを一つに結ぶ、イエス・キリストの現存によって生じるものなのです。私たちの中に復活のキリストがいてくださることによって、私たちは互いに結ばれ、同じ復活の主のいのちに生かされる者となるのです。

教会の信仰がイエス・キリストを現存させるのではなく、イエス・キリストの現存が教会を存在させているのです。これは非常に難解な理念のように聞こえるかもしれませんが、しかし、キリスト教の教会にとって、このことは実に大切な信仰による自己理解なのです。

もし、教会の信仰がイエス・キリストに依拠しないなら、キリスト教の信仰全体は、イエス・キリストを信じた人々が生み出したものではあっても、イエス・キリストとは関わりのないものになってしまい、キリスト教の全信仰体系は、その根底から崩壊してしまうことになるのです。

従って、ここに述べた教会の信仰による自己理解は、これまで述べてきた教会についてのもろもろの理解の根底をなすものです。私たちをキリスト者としてひとつに結んでいるのは、私たちの人間的な同質性ではないのです。私たちの行為としての信仰における同質性ですらもないのです。イエス・キリストがそこに確かに現存し、そのことによって人々を一つに結んでくれるから、キリスト教の教会は存在するのです。

私たちの中に現存するキリストは、先にも述べたように、復活のキリストです。そして、復活のキリストは私たちの人間としての制約を超えた存在です。私たちは誰も、自分たちの主としての復活のキリストの現存を、自分たちの間だけに固定することは許されません。キリストへの信仰の形は、個人のレベルでも、教会というレベルでも、一色に統一される必要はないのです。

「あなた方が一つであるように」(ヨハネ17・21－23参照)というイエスの願いは、形の違いを痛みとして残しながらも、それぞれが一人の主、イエス・キリストへのまったき献身において純化されているなら、違いを残したままで、むしろ素晴らしい形で実現されているのです。お互いの信仰の形の違いを認め合い、敬意をもって受け入れ合っていくとき、真に兄弟姉妹の関係が成立するのです。

復活のキリストに結ばれ、ともに同じ復活の主のいのちに生かされる仲間、このことを見失うとき、教会は他の人間社会と変わることなく、ついには、分裂が分裂を生むことになってしまうのです。教会のレベルにおいても、個人個人のレベルにおいても。

「教会の一致」

地上を旅するあなたの教会、
わたしたちの教皇○○○○世、
わたしたちの司教○○○○、
司教団とすべての教役者、
あなたの民となったすべての人の
信仰と愛を強めてください。

あなたがここにお集めになった
この家族の願いを聞き入れてください。
いつくしみ深い父よ、あなたの子がどこにいても、
すべてあなたのもとに呼び寄せてください。

イエス・キリストの現存によって結ばれ、生かされている教会は、自分たちのこの世におけるあり方がそれにふさわしい姿になるように祈らずにはいられません。キリストに結ばれていることが、キリスト者の根源的一致の保証です。これなしの、このことを無視しての人間的一致は、それがどのようなものであれ、やがては分裂を生み出します。教会の一致は、私たちの人間的努力だけで実現されるものではないのです。

むしろ、私たちは自分たちが望んでいる一致を、一致を口にすることによって、一致を強調することによって、損なっているのです。これが私たち人間の姿です。

●印は現在の箇所を示しています

Ⅰ 開祭
- 入祭の歌とはじめのあいさつ
- 回心の祈り
- あわれみの賛歌
- 栄光の賛歌（年間と復活節）
- 集会祈願

Ⅱ ことばの典礼
- 聖書朗読
  - 第一朗読（主に旧約聖書）
  - 答唱詩編
  - 第二朗読　使徒書
  - アレルヤ唱（四旬節には詠唱）
  - 福音朗読　福音書
- 説教
- 信仰宣言
- 共同祈願

Ⅲ 感謝の典礼
- 供えものの準備
  - 奉納の歌と行列（献金）
  - パンとぶどう酒を供える祈り
  - 奉納祈願
- 奉献文 ―感謝の祈り―
  - 叙唱と感謝の賛歌
  - ●奉献文
- 交わりの儀
  - 主の祈り
  - 平和を願う祈りとあいさつ
  - 平和の賛歌
  - 拝領
  - 拝領祈願

Ⅳ 閉祭
- 派遣の祝福

キリストはこの悲しみを負った私たち人間の中に、私たちが心の奥底で望んでいる相互の一致をもたらすために、この世に来られたのです。人間の努力によっては決して実現することができない、人類の一致を、すべての人が自分自身として満たされながら、しかも他者を犠牲にすることがない真の一致を、真の平和を私たちの中にもたらすために、キリストは来られたのです。

教会の使命は、このキリストによる一致と平和のシンボル、希望のしるしとなることです。教会は二重の仕方でこの使命を生きてきました。一つはその否定的側面によって、他の側面は、その積極的姿勢によって。

教会の歴史は自己のうちに人間の最も深刻な不和を露呈している歴史でもあります。このことは、教会がその傷をもってこの世界に提供している否定的メッセージでもあります。まさに一致を口にするものが、自分たちの努力だけに頼って一致を実現しようとするとき、どのようなことが起こるかを教会の歴史は如実に生々しく、そして悲しいまでに示しています。

そのことを前提として、私たちが自己の立場を超えて、キリストへの信仰に真実生きるときにのみ、私たちが願っている一致の安らぎに到達できることが、予感を伴って希望されるのです。教会はこの希望を、自分たちの本質であるこの希望を世界に示すことによって、キリストから託された一致のシンボルとしての使命を果たしていくことができるのです。

従って、平和と一致は、私たちが作り出すものではなく、私たちが最終的に祈り求める人類の姿なのです。それに応えるのは、私たちを超えたお方以外にはない、そのことを世界に示すこと、それが自らの失敗と挫折に傷ついている教会の、他のいかなる使命よりも重い使命なのです。ミサはまさに、この教会の使命である人類の平和と一致の悲願を、キリストにおいて、キリストによって祈る場なのです。

「教会のための祈り、私たちのための祈り」

私たち一人ひとりのキリスト者がこの社会の中に生きることによって、信仰者としてこの社会のあらゆる事象に巻き込まれ、その影響を受けているように、キリストの教会も全体として、この世界内の存在として、社会の動向の真只中に立たされています。

この世界に対するキリスト者の使命と責任は、私たち一人ひとりがイエス・キリストから受け取っているものです。けれども、社会の中における社会的存在としてのキリストの教会全体の責任を負っているのは教会の指導者たち、カトリックの教会においては教皇と各地の司教たちです。

この世界における社会的存在としてのキリストの教会は、他の社会的存在と同様、制度的組織の形をとって存在せざるを得ません。この組織の責任者がどのような形で選任されるかは、その組織の自己理解にかかっています。カトリック教会においては、特にこの点が重要視されます。

教会の指導者たちは、単に社会的組織の責任者であるのではなく、カトリックの信仰の伝統に基づく教会の指導者です。この伝統によれば、教皇は、キリストの弟子たちの頭《かしら》として、イエス・キリストご自身によって定められたペトロであり、初代ローマの司教として、その地で殉教した聖ペトロの後継者が全教会の最高責任者です。各地の司教は、世界伝道を委託された十二使徒たちの正統な後継者たちです。

この後継者の選任は、最終的には教会の中に現存されるイエス・キリストからの直接の使命授与によるものです。従って、このような社会的組織としての教会の伝統も、カトリック教会においてはイエス・キリストへの信仰の一部をなしているのです。教会のこの世界に対する使命の、特別の重責を担う教会の指導者のための祈りは、教会の使命達成へ向けての祈りとなるのです。教会の使命とは、この世にありながら、この世を超えるものを指し示すことにあります。
教会の指導者たちの第一の使命も、組織の責任者としてのそれであるよりは、弟子たちがそうであったように、キリスト者たちを、この世に向けての彼らの責任の自覚に導くことにあるのです。その意味で、彼らは信仰の指導者であるのです。

「死者の記念」

亡くなったわたしたちの兄弟、
また、み旨に従って生活し、
いまはこの世を去ったすべての人を
あなたの国に受け入れてください。
わたしたちもいつかその国で、
いつまでもともにあなたの栄光にあずかり、
喜びに満たされますように。

主・キリストを通して、あなたは
すべてのよいものを世にお与えになります。

キリストによってキリストとともにキリストのうちに、
聖霊の交わりの中で、全能の神、父であるあなたに、
すべての誉れと栄光は、世々に至るまで、

◆アーメン。

この世界内の存在としてのキリストの教会は、そしてその構成メンバーである一人ひとりのキリスト者は、自己のうちにこの世の生を超えるものを指し示す生き方、ありようを実現しているのです。復活の主イエス・キリストに結ばれて、そのいのちに生かされることによって、キリスト者たちとその教会は、この世を超えるありようをこの世界の只中ですでに具現し始めているのです。

その最も具体的証しがキリスト者たちの死生観に現れています。復活の主のいのちを信じる信仰は、私たちの死についての感じ方を根本的に変えずにはおきません。キリスト者

にとって死はもはや、私たちの最終的現実ではないのです。この世の生を生きる存在として、復活のいのちに結ばれていると言っても、もちろん私たちは死を免れるわけではありません。イエスご自身も、私たちの死すべき運命を共有されたのです。しかもあのような苦悶の果ての死を。

　けれども、私たちは信仰によって、キリストの死が、彼の最終的現実ではなかったということを知らされたのです。キリスト教の信仰のかなめには、キリストの復活への信仰が立っているのです。その信仰によって、私たちにとっての死は、まったく異なった意味と様相を持って受け止められるものになりました。

　死が人間の最大の苦しみであることに変わりはありません。けれども、それは今や私たちを虚無へと突き落とすものではなくなったのです。

　私たち人間は、自分が生きていることの意味を見出すことに

●印は現在の箇所を示しています

Ⅰ 開　祭
入祭の歌とはじめのあいさつ
回心の祈り
あわれみの賛歌
栄光の賛歌（年間と復活節）
集会祈願

Ⅱ ことばの典礼
聖書朗読
第一朗読（主に旧約聖書）
答唱詩編
第二朗読　使徒書
アレルヤ唱（四旬節には詠唱）
福音朗読　福音書
説　教
信仰宣言
共同祈願

Ⅲ 感謝の典礼
供えものの準備
奉納の歌と行列（献金）
パンとぶどう酒を供える祈り
奉納祈願
奉献文　―感謝の祈り―
叙唱と感謝の賛歌
● 奉献文
交わりの儀
主の祈り
平和を願う祈りとあいさつ
平和の賛歌
拝　領
拝領祈願

Ⅳ 閉　祭
派遣の祝福

よってしか生きられない存在です。自分が生きていることの意味を見出せなくなったとき、私たちは死に近付くのです。死は私たちの生きている意味を奪い取り、打ち砕く虚無の力です。私たちの生と、それを支える意味とがすべて終焉するとき、それが死です。私たちはこのような死を前に、何とか自分が生きたことに意味を与えたいと願います。そのことによって、自分の死にも意味を与えようと空しく試みます。

けれども、私たちは自分の力によっては、自分の死に本当に満足できる意味を与えることはできないのです。誰かに託さなければ、自分の死に意味を与えることはできないのです。そして自分が託した相手が、本当にそれを受け止めてくれたかどうかは、託した自分が最も心もとなく感じてしまうのです。

そのような私たちに、復活のキリストは復活のいのちを約束し、保証するだけでなく、今すでに、信仰によって彼に結ばれている私たちのこの世のいのちの中に、彼の復活のいのちを注ぎ込んでくださるのです。私たちはミサにおいて、キリストの復活のいのちを、食べて飲んでいるのです。この信仰に生かされるなら、私たちにとって死はもはや、私たちの最終の現実ではないことを知るのです。

ミサにおいて死者のために祈ることは、単なる死者の追悼ではなく、復活のいのちにおける死者たちとの喜ばしい再会です。死はもはや私たちを分かつ決定力を持つものではなくなったことを、復活の主イエス・キリストを信じる私たちは納得して信じることができるのです。ミサにおいて、私たちは死者たちとともに、自分たちを隔てる死の垣を打ち破ってくださった復活の主への賛美を歌うのです。

ここにおいて教会の最も神秘的な姿が現れてきます。教会は単なるこの世の中に存在する宗教団体、キリスト教という宗教の具体的表現形態に過ぎないのではなく、私たち人間の生と死を超えて、私たちの生を永遠のいのちの世界につなぐ、この世における希望の砦ともなっているのです。

教会のミサの伝統における、復活のキリストの現存の神秘と出会い、自らもそのキリストへの信仰に入ることによって、この復活の主の現存の神秘を信仰によって受け入れ、復活のキリストのいのちに結ばれ、生かされることによって、私たちは自分自身の生死を超えた展望の開かれることを知るのです。人間のあらゆる制約を超えた、それこそ真実のいのちそのものの充実の世界に招かれていることを知るのです。

私たちの真実の望みに反して、私たちを隔て、分かっている人間の限界としての制約。それは、この世の生においては、自らの望みであるはずの、お互い同士の一致を自らの手で裏切る罪という形を取り、この世のいのちの終局には死という形をとります。けれども、キリスト者は、イエス・キリストの死と復活によって私たちの制約が克服され、取り除かれたことを知ったのです。この信仰に生きる者は、復活のキリストのいのちに生かされる者として、もはや罪と死という人間の制約、人間としての私たちの生の脅威から解放されているのです。ここにイエス・キリストによって与えられた救いが実現していることを見るのです。

奉献文の祈りは、このような救いの展望をイエス・キリストによって与えてくださった父なる神への歓喜の歌声を持って締めくくられます。キリストによって、キリストのうちに私たちは父なる神への道を見出したのです。その道を通って私たちの賛美と感謝の歌声は父なる神の御許へ上っていくのです。私たちの賛美と感謝の歌声は、それゆえ、私たちのこの世の生そのものの歌声となるのです。

私たちの人生の究極目標は、この世の生が終わるときに初めて到来するのではありません。今ここに、すでに私たちは私たちの人生の締めくくりとしての、そして私たちの人生の永遠のかなたにおける現実の先取りとしての、父なる神への賛美と感謝を歌うのです。この歌が私たちの現実の生活に少しでも反映していくとき、現実の生活はその様相を変えていきます。

もはや私たちはこの世の生活の形に以前のようにこだわり、とらわれなくなります。こだわり、とらわれることによって私たちの生活を蝕《むしば》んでいた、自己本位の生き方から解放されていきます。自己実現の夢が阻まれることによって失われていた生気を回復していきます。この世の物事は、それがどのようなものであれ、私たちの最終目標としてはあまりにも小さいことを知ったからです。

しかし、最終目標をこの世を超えるところに見出した私たちの生活は投げやりの超越に堕するのではありません。この世の生が、永遠の復活のいのちにつながることを知ったことによって、私たちはそれを以前にもまして、以前とはまったく異なった価値観をもって、大切にいとおしむようになるのです。この世の運不運に弄《もてあそ》ばれない、確固とした自己の生き方を築くべく土台を与えられたのです。

人は何のために生きるのか、この世に限られた視野の中には決して発見されない、この世に対する究極の解答をキリストによって与えられた信仰の展望の中に見出したからです。

交わりの儀

イエス・キリストによってミサに招かれた私たちは、イエス・キリストがもたらしてくださった、救いの壮大な眺望を目の当たりにして、自分もまた、イエスによってもたらされ、実現している救いのわざの中に招き入れられ、生かされていることを信仰によって自覚していきます。

けれども、イエス・キリストによってもたらされる、この救いのわざの受領は、私たちの信仰の自覚によってなされるだけではありません。この私たちの信仰に応えてイエス・キリスト自らが、ご聖体として一人ひとりを訪れてくださることによって、イエス・キリストの救いのわざが私たちの生活に、人生に、直接結ばれたものとなるのです。

私たちはご聖体のイエス・キリストを迎えることによって、イエス・キリストのすべてをこの身に受けるのです。彼の生き方を、彼のもたらした救いを、彼の父なる神との親しさを、父なる神への献身を、そして父子の愛における神との完全な一致を。

イエス・キリストをわが身に受けることによって、私たちもまた、イエス・キリストがそうであるごとく、神秘に満ちた、神秘そのものである神とのいのちの交流の中に招き入れられ、イエスとともに、父なる神をアッバと呼ぶものとされていくのです。

イエス・キリストのご聖体を拝領するとき、私たちは初めてイエス・キリストのいのちに結ばれ、イエス・キリストのいのちに生かされるものとなるのではありません。ご聖体のイエスを迎えることによって、私たちは自分がすでにイエス・キリストのいのちに結ばれ、彼のいのちをわが身に受け、彼のいのちによって生かされていることを、ご聖体に現存するイエス・キリストご自身によって指し示され、開示されることによって、ご聖体のイエス・キリストのうちに拝受するのです。

信仰によるイエス・キリストとの出会いの始めより、イエス・キリストへの私たちの憧れが信仰によって深まっていくにつれ、イエス・キリストと私たちの関係は、私が彼のいのちによって生かされ、彼のいのちが私のうちに働き、私の生き方が彼の生き方に変貌されていく過程の中で成長し、成熟してきたのです。そしてこの関係は、ご聖体のイエスを迎えることによって、この世でのイエス・キリストと私の一致の形の頂点を迎えるのです。

主の祈り

主の教えを守り、みことばに従い、
つつしんで主の祈りを唱えましょう。
◆天におられるわたしたちの父よ、
み名が聖とされますように。
み国が来ますように。
みこころが天に行われるとおり地にも行われますように。
わたしたちの日ごとの糧《かて》を今日《きょう》もお与えください。
わたしたちの罪をおゆるしください。
わたしたちも人をゆるします。
わたしたちを誘惑におちいらせず、
悪からお救いください。

いつくしみ深い父よ、
すべての悪からわたしたちを救い、
現代に平和をお与えください。
あなたのあわれみに支えられ、
罪から解放されて、
すべての困難にうち勝つことができますように。
わたしたちの希望、
救い主イエス・キリストが来られるのを
待ち望んでいます。

◆国と力と栄光は、限りなくあなたのもの。

聖体拝領に先立って私たちが唱える主の祈りも、イエス・キリストとのこの関係、私たちがイエス・キリストによって生かされ、イエス・キリストが私たちの中に生きていることを明示しています。

●印は現在の箇所を示しています

Ⅰ開　祭
入祭の歌とはじめのあいさつ
回心の祈り
あわれみの賛歌
栄光の賛歌（年間と復活節）
集会祈願
Ⅱことばの典礼
聖書朗読
　第一朗読　（主に旧約聖書）
　答唱詩編
　第二朗読　使徒書
　アレルヤ唱（四旬節には詠唱）
　福音朗読　福音書
説　教
信仰宣言
共同祈願
Ⅲ感謝の典礼
供えものの準備
　奉納の歌と行列・献金）
　パンとぶどう酒を供える祈り
　奉納祈願
奉献文　―感謝の祈り―
　叙唱と感謝の賛歌
　奉献文
交わりの儀
●主の祈り
　平和を願う祈りとあいさつ
　平和の賛歌
　拝　領
　拝領祈願
Ⅳ閉　祭
派遣の祝福

主の祈りはその名が示すとおり、主キリストの祈りであり、そしてまた、イエス・キリストが、かく祈れと私たちに教えてくださった祈りです。この祈りを唱えるごとに、私たちはイエス・キリストの祈りを唱えるのであり、イエス・キリストが私たちの中で、私たちを通して、彼の祈りを祈ってくださるのです。

私たちは主の祈りを唱えることによって、イエスの祈りの中に取り込まれていきます。イエスが「アッバ（父さん）」と呼ぶ父なる神とイエスとのいのちの交流の中に取り込まれ、私たちもイエスとともに、神を「アッバ」と呼ぶ者とされていくのです。この祈りを唱えることをゆるされることによって、イエスがそうであるように、神を「アッバ」とお呼びする神の子の資格を与えられた者であることを自覚していくのです。

主の祈りはイエスによって与えられ、私たちもそれを祈ることがゆるされたことによって主の祈りです。私たちはあるがままの自己の人間の本性に基づいては、決してこの主の祈りを口にすることはできません。

あるがままの私たちの本性は、決して主の祈りが祈るような、父なる神をすべてに優先させる方向性を見出し得ないのです。エゴイズムに曇らされている私たちの本性は、神の名を口にしているその時にでさえ、自己を離れて飛翔することはないのです。

自己の生存の必要と充足のために、神をさえ、自己の召し使いのようなものにしてしまう。それが、私たちが露呈している逆転のありようです。自己以外には真の主をもち得ない、真の神を持ち得ない、それゆえ、決してうちなるエゴイズムから解放されることのない、私たちのこのようなありようを打ち破る祈り。それは、イエス・キリストにおいてのみ可能となった祈りであり、イエス・キリストが与えてくださったことによってのみ可能となる祈りなのです。

この祈りを唱えることによって、私たちはイエスのいのちの真っ只中に招き入れられていきます。イエスの人格、イエスのいのちの核心は、この主の祈りが示す、父なる神への無限の愛の燃焼なのです。すべてを焼き尽くす、巨大な愛の燃焼炉なのです。その中に招き入れられることによって、初めて、私がまさに私であることの制約、私をがんじがらめに縛り付けているエゴイズムの鎖から、それがイエスのあの愛の炎に焼き尽くされることによって、解き放たれていくのです。

ここで少し足を止めて、主の祈りを味わってみましょう。

「天におられる　わたしたちの父よ」

この畏敬に満ちた、信頼そのものになりきった愛の呼びかけによって主の祈りは始まります。以下に続く願いの祈りは、この呼びかけのこだまです。この呼びかけにおいて、私たちが父なる神に叫びを上げ、願い求めるべきすべては、もう言い尽くされているのです。私たちの父への思いは、この呼びかけを口にすることによってそこで途切れ、そこで完結すべきはずのものです。そうなることによって、それは最も純粋な、それゆえ、最も凝縮された愛の語りかけとなり、父なる神にすべてを負っている、私たちのいのちの根源より発する、満ち足りた愛そのもの、いのちそのものの吐息となるのです。この父への呼びかけは、それが完全な形に到達するとき、そこで途切れ、永遠のこだまとなるのです。永遠のいのちそのもののこだまとなるのです。

このような祈りは、私たちのあるがままの本性にとって、自明なものではあり得ません。私たちの中から自然に湧き起こってくる祈りではあり得ないのです。この世における私たちのありようは、決してここに表明されるような、満ち足りた充足を知らないのです。それを望みながらも、自分の力をもってしては、そのようないのちそのものの充足には至りえぬ私たちのありようが、私たちを拘束しているからです。

それゆえ、いのちに満ちた、愛そのものの、このような父なる神への呼びかけは、神の懐に憩う、神の独り子のみが発することのできる永遠の祈りなのです。イエスの招きを得て、初めて私たちが知った祈りです。

このような祈りへと私たちを招くために、ただそのためだけに、私たちの中に、私たちの一員となってこの世に来られた神の独り子。キリスト者にとって、イエス・キリストとは最終的にそのようなお方なのです。私たちはこの祈りをイエスによって教えられ、彼のこの祈りに招かれ、そしてこの祈りをともにすることをゆるされています。これによって、私たちはイエス・キリストのもたらした救い、彼のもたらした神の子の、永遠のいのちをこの身に受けているのです。

主の祈りは、この地上における私たちの生の中で祈るべき祈りとして、イエス・キリストによって教えられた祈りです。けれども、これまで見てきたように、イエス・キリストは、ただ単に私たちがどう祈るべきかを教えるために、この祈りを私たちに示されたのではありません。この祈りの中に、彼のいのちの神秘に満ちた核心が余すところなく開示されています。

この祈りを与えることによって、イエスはご自分のいのちの中枢に私たちを招き入れようとされているのです。彼のいのちの核心、中枢は、イエスにとっての「アッバ」、父なる神とのいのちと愛そのものの燃え上がる一致です。この彼の、神の子としてのいのちの核心に私たちを招き入れようとして、イエスは私たちにこの主の祈りを示されたのです。それゆえ、主の祈りは私たちへのイエス・キリストの愛の招待状なのです。そのようなものとして、この主の祈りを受け取っていきたいと思います。

神の独り子としてのイエス・キリストにとっての「アッバ」なる神は、この主の祈りによって初めて私たちに「天におられる父」として示されたのです。その逆なのではありません。私たちが「天におられる父」としてすでに知っていた神をイエスは、「アッバ」とお呼びしたということではないのです。イエス・キリストは、彼の「アッバ」を「天におられる父」として私たち人間に示すために、私たちのこの世界に来られた神の独り子なのです。キリスト教はこのことに依拠しています。

神の独り子であるお方が、私たちの中で、私たちの一員として、彼の「アッバ」に向かって、私たちの父よと祈ってくださることによって、私たちは初めて神への通路を見出したのです。そのことによって、神は、私たちには決して到達することができない、超越の彼方の存在であるだけではなく、「私たちの父」となられるのです。

そしてまた、イエス・キリストによって天におられる父なる神が、われらの父として示されたことによって、私たち人類は初めて、お互いのあらゆる差異にもかかわらず、ともに、共通に立つことのできる地を回復させていただけるのです。

「み名が聖とされ（尊まれ）ますように。み国が来ますように。みこころが天に行われるとおり地にも行われますように」

み名も、み国も、みこころも、イエスの到来によって、初めて完全に私たちの世界に示された神のみ名であり、神のみ国であり、神のみこころです。父なる神はイエス・キリストを通して、この私たちの世界にそのみ名を示してくださり、そのみ国をもたらしてくださり、そのみこころを実現してくださるのです。

神のみ名が示されたということは、私たちにとって神はどのようなお方であるのか、そのことを知らされたということです。み名が示されたことによって、私たちは神を知ったのです。私たちがその名を知らないものは、私たちにとっては未知のものです。

名を知ることによって、初めてそのものが何であるのか、誰であるのかを知って、そのものとの関係を持つことができます。その人と「近付き」になることができます。神の名を知らされたことによって、私たちは初めて、神との関係の中にある自分を見出していくのです。イエスは、そのことのために私たちの中に来てくださったのです。私たちが神の名を知ることによって、神との関係の中にある真の自分を発見すること、これがイエスがもたらした救いの中身です。

自分自身のいのちと存在の根拠を見失い、それゆえ、自分がどこに向かって、どこに位置しているのかも分からない私たち。自分自身がどこの誰の子かも分からない迷子の孤児のようであった私たちに真の父を示し、そのもとに帰るべき道を示してくださった方、そのようなお方として、イエス・キリストは私たちの救い主であるのです。

神の名を知ることによって、私たちの父なる神と自分との関係を知り、そのことによって、この世の生だけで終わるのではない、自分の人間としてのいのちの次元を目に見える結果だけで計られるのではない、自分の人間としてのいのちの価値を見出したのです。そして、それこそが私たちの人生の本当の、究極的意味であることを知ったのです。

神のみ名が尊まれますように、聖とされますようにという祈りは、私たちの人生のすべてが、父なる神を基準とし、目標となるように生きることによって、イエスの人生、イエスの祈りがそうであったように、真実の私たちの祈りとなるのです。それゆえ、み名の祈りは、私たちの人生の究極の目標に向かう祈りです。私たちの人生を、その究極の目標に向けて方向付け、新たに歩み始めさせる祈りとなるのです。

私たち一人ひとりが、そして私たちのすべてが、父なる神のみ名を受け入れ、父なる神との関係の中にある者として生き始める時、神の国はこの私たちの世界に到来するのです。この世界の真の意味は、父なる神がこの世界に対して父として現されるとき、初めて明らかになるからです。父なる神との関係の中にある世界、それが目に見える事象を超えた、この世界の真の姿です。

私たちが住むこの世界は、破れた、本来の姿を失った世界です。その根源である父なる神を見失ったがゆえに、その根源を覆いつくされ、事象のみが優先している世界。それが、私たちが住む世界です。このような転倒をもたらしたもの、それが私たちの罪です。

●印は現在の箇所を示しています

Ⅰ 開　祭
- 入祭の歌とはじめのあいさつ
- 回心の祈り
- あわれみの賛歌
- 栄光の賛歌（年間と復活節）
- 集会祈願

Ⅱ ことばの典礼
- 聖書朗読
  - 第一朗読　（主に旧約聖書）
  - 答唱詩編
  - 第二朗読　使徒書
  - アレルヤ唱（四旬節には詠唱）
  - 福音朗読　福音書
- 説　教
- 信仰宣言
- 共同祈願

Ⅲ 感謝の典礼
- 供えものの準備
  - 奉納の歌と行列（献金）
  - パンとぶどう酒を供える祈り
  - 奉納祈願
- 奉献文　―感謝の祈り―
  - 叙唱と感謝の賛歌
  - 奉献文
- 交わりの儀
  - ● 主の祈り
  - 平和を願う祈りとあいさつ
  - 平和の賛歌
  - 拝　領
  - 拝領祈願

Ⅳ 閉　祭
- 派遣の祝福

イエス・キリストはそのような世界に父なる神を示すことによって、この世界を本来の姿に戻すために来られたのです。イエス・キリストによって、この世の破れた、転倒した、根源を喪失した姿が露《あらわ》にされます。イエス・キリストのみが、この世にありながら、この世の根源を凝視し続けておられるからです。

イエスの目に、この世界はどのように映っているのでしょうか。その破れにもかかわらず、父なる神の慈愛の対象であり続ける世界。それゆえ、たとえいかに破れがひどかろうと、まだ見捨てられていない、見捨ててはならない私たちの世界。それがイエスの見てお られる私たちの世界であり、そして、そこに神の国の始まりがあるのです。

この私たちの世界は、そこに神の国が到来する世界です。イエス・キリストによってその到来はすでに開始されているのです。それはどのように到来するのでしょうか。父なる神との関係の中にある世界として、それにふさわしい世界が、私たちの中に実現することによってです。

すべてのものが自己の本来の姿に目覚め、それを何ものによっても阻害されることなく、生きることが保証される世界、そのような世界が私たちの中に実現するとき、私たちの中に神の国が到来し始めるのです。すべてのものがその本来の価値を認められ、大切にされる、大切にし合う、このことなしに、私たちはこの世界にともに平和に生きることはできません。神の国の実現とは、私たち各々が心の奥底で本当は願っているはずの、そのような世界の未来図なのです。

イエス・キリストはこの神のみ国を、私たちにもたらすために来られたお方です。互いに愛をもって、父なる神の子らとして生きる、そのような私たちの生き方なしには、この世界に私たちの将来はない、そのことを私たちに示すために、イエスはあのような生き方をなさったのです。

み国の到来を願う祈りは、それゆえ、私たちがイエス・キリストのあのような生き方を受け入れていくことへの、自分も他者のために自らをささげて、それを喜びとして生きる、そのようなイエスの生き方への深い憧れを込めた祈りとなるのです。

イエス・キリストが私たちの中に始められた神の国の生き方が、たとえ小規模であっても、私たちの中に実現されていくとき、私たちの住む地は天と結ばれ、天と地が等しく神の世界とされていくのです。人間の罪が神から奪い取っていたこの地が、本来の所有者である父なる神に返還されるのです。

この地に生きるすべてのものが、父のものとされることによって、この地に縛り付けられ、額に汗して、意味の定かでない苦役に服していた私たちは、父なる神の家に住む神の子らであることを知るようになるのです。

父のみ旨はただ一つ、今やこの地の隷属から解放された、新しい神の子らの真の幸せのみです。み旨が今や、厳しいだけの掟としてではなく、子らの幸せを願う父の思いとして受け取られることによって、天と地が結ばれ、イエスにとってそうであるように、神が私たちすべてのものの父であることが宣言されたのです。

み旨に生きること、イエスが生きたように、自分の人生をみ旨に託して生きること、それが、今や父を得たことによって、子とされた私たちの生き方となるのです。そのように生きることによって、私たちはこの地において、すでに天を生き始めるのです。

もはや、天と地を隔てている壁は、この新しい生き方からすれば障害ですらなくなるのです。み旨に託して生きることによって、私たちはイエスがそうであったように、すでに自らの生死の彼方に、神の懐の中に生きるのです。


「わたしたちの日ごとの糧《かて》を今日《きょう》もお与えください」

これに続く四つの願いは、もはや願いというより、愛の睦言《むつごと》です。愛するもの同士の間で交わされる、愛しているがゆえの愛の確かめ合いです。

日々の糧を願う祈りは、願いというよりは、父なる神にとって私たちが何者であるかを訴え続ける、愛の口説きです。愛を疑うがゆえの訴えではなく、愛の確かさがうれしくてならないがゆえの、永遠に終わることを知らない、愛のささやきです。

私たちは自己の生存、自己の存在のすべてを父に負っていることを知らされ、イエス・キリストによってその父を見出させていただいたがゆえに、この愛のささやきを終わりなく繰り返すのです。日々、父なる神に生かされていることを知った私たちの営みは、そのことへの感謝の延長、反映へと変貌していくのです。

日々の労働は、なお、この世に生きる私たちに課せられた、生存のための労働でありながら、今や、この世の生死を越えた私たちの人生の、より大きな次元が開かれたことによって、その様相を変えていくのです。私たちにとって日々の営み自体が、それがいかに苦しいものであろうと、終わることのない、意味のない苦役ではなく、父への道となったのです。

労苦の日々と、安息の祝祭を隔てていた壁は打ち破られたのです。私たちは日々の労苦に満ちた営みの中にあって、その労苦を感謝に変える祝いの歌を歌うのです。

「わたしたちの罪をおゆるしください。わたしたちも人をゆるします」

ゆるしあうことができない私たちのありようだけが、父と私たちのこの関係に、父を知ったことよって発見させられた、ともに生きる私たちの新しい地に暗い影を投げかけ、不吉をもたらします。

このことだけが、今も続く私たちの悲しみです。父によって生かされ、父とのいのちの交わりにイエス・キリストによって、この世ですでに招き入れられている私たちに対する唯一の罪への誘惑は、父の愛をも独り占めしようとする、兄弟を省みない、兄弟をゆるし得ない、私たちの中に残る傾きです。

この傾きに身をゆだねるなら、私たちは招き入れられた、父とのいのちの交わりのすみかを、自ら放棄し、もとの暗闇の世界にさまよい出てしまうのです。そのようなことが私の責任によって起こりませんように、そのことだけが、今や、私たちの真摯な願いとなるのです。この祈りを生きることによってのみ、私たちは見出した父なる神の懐に憩うことがゆるされるのです。

「わたしたちを誘惑におちいらせず、悪からお救いください」

その試み、悪は他ならぬ私たちの中に、尚うごめいている傾き、父なる神の無限の愛をも独り占めにし、他に渡そうとしない私たちの傾き以外にはないのです。

そして、この傾きに屈するとき、私たちは、独り子として父の愛を一身に受けておられながら、それをすべての者らと分かつためにこの世に来られたイエス・キリストと、最も縁なき者となってしまうのです。

主の祈りは、イエス・キリスト、父なる神の独り子であるイエス・キリストから私たちすべてに向けられた、父なる神への愛への招きそのものです。この招きに応え、私たちの生き方のすべてが受諾の「アーメン」となるとき、この招きは、私たちのこの世の生の中で、すでに効力を持った招きとなるのです。私たちは父なる神の愛の懐のぬくもりを、この世の波風の中ですでに感じ始めるのです。

平和を願う祈りとあいさつ

主イエス・キリスト、あなたは使徒に仰せになりました。
「わたしは平和をあなたがたに残し、わたしの平和をあなたがたに与える」。
わたしたちの罪ではなく教会の信仰を顧み、
おことばの通り教会に平和と一致をお与えください。

◆アーメン。

主の平和がいつも皆さんとともに。

◆また司祭とともに。

互いに平和のあいさつをかわしましょう。主の平和。

◆主の平和。

平和の賛歌

神の小羊、
◆**世の罪を除きたもう主よ、われらをあわれみたまえ。**
神の小羊、
◆**世の罪を除きたもう主よ、われらをあわれみたまえ。**
神の小羊、
◆**世の罪を除きたもう主よ、われらに平安を与えたまえ。**

ミサを続けてまいりましょう。主の祈りに続いて、平和を願う祈り、平和のあいさつ、平和の賛歌となります。

なぜ、このように平和という言葉が繰り返されるのでしょうか。父なる神を知り、神の国の実現の目標が与えられ、父のみ旨を求めて生きる生き方が生み出すもの、それは私たちの間の相互の一致と平和です。

イエスが私たちの生の中に、私たちの世界にもたらそうとし、

●印は現在の箇所を示しています

Ⅰ 開　祭
- 入祭の歌とはじめのあいさつ
- 回心の祈り
- あわれみの賛歌
- 栄光の賛歌（年間と復活節）
- 集会祈願

Ⅱ ことばの典礼
- 聖書朗読
  - 第一朗読（主に旧約聖書）
  - 答唱詩編
  - 第二朗読　使徒書
  - アレルヤ唱（四旬節には詠唱）
  - 福音朗読　福音書
- 説　教
- 信仰宣言
- 共同祈願

Ⅲ 感謝の典礼
- 供えものの準備
  - 奉納の歌と行列（献金）
  - パンとぶどう酒を供える祈り
  - 奉納祈願
- 奉献文　—感謝の祈り—
  - 叙唱と感謝の賛歌
  - 奉献文
- 交わりの儀
  - 主の祈り
  - ●平和を願う祈りとあいさつ
  - 平和の賛歌
  - 拝　領
  - 拝領祈願

Ⅳ 閉　祭
- 派遣の祝福

もたらしてくださったもの、父なる神の私たちに対するみ旨、それは、私たちがともに、父なる神の愛を受けた父の子らであることの自覚から来る、相互の一致と平和です。このことの実現なしに、私たちはともに父なる神を賛美することはできません。ともに神の子らとして生きることはできません。

世界にこの一致と平和の喜びを告げ知らせていくこと、それがキリスト者としての私たちの使命であるのです。この使命を自ら裏切ってしまう私たちのありようをもう一度反省し、父なる神に、主なるキリストに、お互い同士の間で、ゆるしを求め合いながら、この使命を生きることをともに再確認しあう、そのための平和のあいさつです。

見ず知らずの人と気まずい、形だけのあいさつを交わすのではありません。たとえ、初めて会った、言葉を交わしたこともない人が傍らにいても、その人がともに神のいのちの中にある、私の兄弟姉妹なのです。その人と兄弟姉妹の関係に結ばれていることをともに喜び合いながら、平和のあいさつを交わすのです。

偽善なのではありません。人間同士としてまだ十分に知り合えていないという痛みを伴った、けれども父なる神のいのちのうちなるキリストの兄弟姉妹として、互いに結ばれていることを知った、喜びに満ちたあいさつが可能とされているのです。

平和と一致は、私たちの努力によって達成されるものではありません。私たちの善意が平和を、真の平和を生み出すのではありません。むしろ、私たちは自らの善意によってこの世に混乱を引き起こしてしまうことのほうが多いのです。善意はいたってたやすく独善となり、この独善が他の人々の不平を誘発し、相互の理解の道が閉ざされ、そして争いが生じるのです。平和と一致は願い求めるべきものです。倦《う》まず撓けず、目の前の悲惨な争いを凝視しつつ、それに屈することなく願い祈り求めるべきものです。自らの姿勢を常に省みつつ、自らの姿勢を正しながら、願い求め、祈り続けるべきものです。

争いの巷に身を置いて自らもそれに巻き込まれ、傷つきながらも不屈の精神で平和の道を模索し、平和と一致を祈り求め続けること、それがイエス・キリストの生き方を通して私たちが学んだ姿勢です。このような姿勢に生きることへの決意によって、イエス・キリストの生き方が私たちの生き方となっていくのです。

一致と平和の尊さを世に示していく困難なキリストの使命を、私たちも自分の使命として引き受けていくために、それを担う十分ないのちのエネルギーをいただくために、今日も私たちはイエス・キリストのご聖体に近付くのです。

私たちはイエス・キリストの十字架の彼方に真の平和の実現の可能性を垣間見た者たち

です。私たちの希求する平和の在りかは、イエス・キリストの十字架の彼方にあります。イエスの十字架なしには、私たちは平和を求めつつ、自らそれを混乱に陥れる愚行を繰り返し続けるだけです。一方の人の平和は、他方の人の抑圧と忍苦なしには支えられない。それが戦争と束の間の平和の、人類の歴史が繰り返してきた無限の悲劇です。

神のみ子なるお方が、十字架の苦悩をその身に引き受けてくださったことによって、不正としか思えない、不満が募る一方の理不尽な他者からの圧迫がもたらす、意味の見えない苦しみにも、一つの意味を見出す道が開かれたのです。理不尽なこの世の暴力に抗して、その力を抜き取る唯一の道が、十字架のイエスの姿の中に示されているのです。十字架につけられながら、自分を十字架につけた者たちのために祈るイエスの姿の中に、世の人々の罪の償いとして、いけにえとなる神の小羊の姿が示されたのです。

この世の罪が生み出す暴力がいかに横暴を極めようとも、人間の真実の望み、平和の意志は、この神の小羊の犠牲に支えられて、最終的には勝利することを私たちは知り、そして信じたのです。そのために、自らもイエスのように、わが身を犠牲に供しても悔いない気概を信仰において見出したのです。自分に死に、真に生きるに値する目的に生きるために、私たちは今日も神の小羊の食卓に連なるのです。

拝　領

神の小羊の食卓に招かれた者は幸い。

◆主よ、あなたは神の子キリスト、永遠のいのちの糧《かて》、
あなたをおいて、だれのところに行《ゆ》きましょう。

□司祭の拝領とともに拝領の歌を歌います。歌わない場合は拝領唱を唱えます。

※当日の聖歌の番号は、祭壇の脇などに掲示されています。拝領唱は『聖書と典礼』などに掲載されています。

□「初聖体」（洗礼を受けた後、初めて聖体を受ける儀式）を受けている信者が列に並び、司祭・助祭、または臨時の聖体奉仕者の「キリストのからだ」ということばに「アーメン」と答え、聖体をいただきます。洗礼を受けていない方も祝福を受けられることがあります。

……祈りましょう。

（拝領祈願）……わたしたちの主イエス・キリストによって。

◆アーメン。

※拝領後に拝領祈願が唱えられます。当日の拝領祈願は、『聖書と典礼』などに掲載されています。

これまで述べてきたことの広がりと豊かさの中で、私たちはご聖体のイエスをわが身にお迎えし、彼のいのちに養われ、生かされるものとなります。

聖体拝領はイエス・キリストと私たちとの、この世における最も親密な愛の一致の実現です。けれどもそれはイエスと個々の私たちとの、他を排除した個人的な親密さの実現に過ぎないのではありません。そしてまた、この一致はそこですべてが完成される、イエスとの最終的な一致ではありません。

しかしそれでも聖体拝領は、他者とともに歩む私たちのこの世の生の途上におけるイエス・キリストとの最も確かな、最も満ち足りた一致の瞬間です。全てが移ろいゆくこの地上の生の只中で、この一致の瞬間は私たちの永遠のいのちにおける至上の幸福を先取りして、私たちに味わわせてくれるのです。

瞬間的であっても、満ち足りたイエス・キリストとのこの一致の味わいは、私たちの生を貫き、イエスとの愛における永遠のいのちそのものの一致へと広がっていくはずです。聖体拝領におけるイエス・キリストとの一致は、私たちの生の中で、それを実現しつつ、永遠の愛におけるイエスとの最終的、究極的一致へと私たちを招いているのです。

私たちは、自分ひとりでご聖体のイエスを迎えるのではありません。同じイエスの食卓である祭壇を囲み、イエスが主催する晩餐の席に連ならせていただいた私たちは、ともに招かれている兄弟姉妹たちとともに、イエスの手で裂き与えられた彼のいのちのパンをこの身に受けるのです。

イエス・キリストのいのちのしるしであり、いのちそのものである一つの聖体のパンが、そこに連なる私たちすべてのものに裂き与えられることによって、私たちは同じ一つの聖体のパンをいただき、イエスのいのちに生かされるものたち同士となるのです。

イエスのいのちが彼の食卓を囲む私たちすべてのものを一つに結び、私たちの集いそのものが、教会そのものが、イエス・キリストのいのちに生かされるイエスの体となっていくのです。そして個々の私たちは、イエス・キリストのいのちを生きる教会という、目に見えるキリストのいのちの体の、かけがえのない一部として生かされていくのです。

イエスと弟子たちが囲んだ最後の晩餐の食卓は、聖書によれば、イスラエルの人々の過越の祭りの食卓でもありました。そして、それは今私たちが囲むイエス・キリストの食卓と無縁の過去のことではありません。私たちはイエス・キリストに招かれて、彼によって初めて私たちにも関わりのあるものとされた過越の食卓に与っているのです。

旧約のイスラエルの人々にとって、そしてまた現在のユダヤの人々にとっても、過越の祭りは、神が彼らの祖先に行ってくださった、偉大な救いのみわざを記念する祭りです。

エジプトの地からイスラエルの祖先を導き出された神の救いのわざは、イエス・キリストによって初めて実現された、全人類に及ぶすべての人々のための、決定的な神の救いのわざの先触れとして理解されているのです。

イスラエルの祖先がモーセに率いられてエジプトを脱出する前夜、過越の食卓を囲んだように、私たちはイエス・キリストに導かれつつ、この世のありようから、私たちが馴染みきった私たちの過去から脱出するために、この新しい過越の晩餐に与るのです。キリストのご聖体をいただくことは、私たちのこの世の生のあり方を転換させ、新しい約束の地に向けて私たちを旅立たせるのです。

この世と、そのさなかにある私たちの生は、今や、私たちにとって最終的な安息の地ではなく、そこに私たちの魂のよりどころを見出すべきところではなく、そこを乗り越え、そこを脱出して、私たちの真の人間的生き方を確立することによって過去のものとすべき、一時的居留地と見なされるべきものとなるのです。私たちは現状からの脱出を求めて、そのことの始まりとして、主の過越の食事をともにするのです。

イエス・キリストが指し示す、父なる神が私たちのために備えていてくださる、神のみ国の実現という私たちの将来に向けて、自分自身の現状から、この世の現状から脱出していくのです。この困難な道程を歩み通すことができるため、その道程の糧として、かつてイスラエルの祖先たちが、荒れ野の道で天から与えられたマナに養われたように、まことの天からのパン、イエス・キリストのいのちのパンをいただくのです（出エジプト記16・1－36参照）。

Ⅳ 閉祭（派遣）

派遣の祝福

主は皆さんとともに。

◆**また司祭とともに。**

全能の神、父と子と聖霊の祝福が

✝皆さんの上にありますように。

◆**アーメン。**

感謝の祭儀を終わります。

行きましょう、主の平和のうちに。

◆**神に感謝。**

□司祭と奉仕者は退堂します。『典礼聖歌』や『カトリック聖歌集』などを使って、全員で閉祭の歌を歌います。

※当日の聖歌の番号は、祭壇の両脇などに掲示されています。

ミサにおけるイエス・キリストとの出会いと一致は、この世の生を生きる私たちを憩わせ、慰めで満たしてくれます。けれども、このミサが真実の憩いとなるためには、私たちに新たな生きる力を回復させてくれるものでなければなりません。私たちがミサを義務としてではなく、真の祝祭として体験できなければ、そのようなものにはならないのです。そこで行われていることを、真実に受け取ることなしには、私たちはこのミサの祝祭に主体的に参加することはできないのです。

そして、もしそこで行われていることを真実に受け取るなら、ミサはその場を越えて、私たちの日常に広がっていくことでしょう。

主の日としてのキリストの祝祭は、それまでの旧約の安息日にではなく、私たちの日常が始まるその日、週の初めの日に祝われます。このことによって、日常の生活全体が、復活のキリストがもたらしたものを記念し、再現し、継続するキリストの

●印は現在の箇所を示しています

Ⅰ開　祭
入祭の歌とはじめのあいさつ
回心の祈り
あわれみの賛歌
栄光の賛歌（年間と復活節）
集会祈願
Ⅱことばの典礼
聖書朗読
第一朗読　（主に旧約聖書）
答唱詩編
第二朗読　使徒書
アレルヤ唱（四旬節には詠唱）
福音朗読　福音書
説　教
信仰宣言
共同祈願
Ⅲ感謝の典礼
供えものの準備
奉納の歌と行列（献金）
パンとぶどう酒を供える祈り
奉納祈願
奉献文　―感謝の祈り―
叙唱と感謝の賛歌
奉献文
交わりの儀
主の祈り
平和を願う祈りとあいさつ
平和の賛歌
拝　領
拝領祈願
Ⅳ閉　祭
●派遣の祝福

祝祭を祝う日となったのです。真実の安息の日が私たちの労苦に満ちた日々に広がっていきます。イエス・キリストがもたらした安息の保証が私たちの労苦の日々の様相を変えていくのです。

私たちは日常の苦役の中で、イエス・キリストがともにいて、私たちの労苦をともに担ってくださることを知って、その苦役のさなかに慰めと憩いを見出していくようになります。ミサが私たちの日常となるのです。私たちの日常がキリストとともにささげるミサとなっていくのです。

私たちの日常がイエス・キリストのミサと結ばれることによって、私たちの日常の生活の場がイエス・キリストの活動の場として、イエス・キリストに明け渡されることになります。イエス・キリストは私たちの生活の場の只中で、彼がかつてパレスチナの地で行われたことを新たに始めてくださるのです。

私たちの只中で彼のことばが再び響き始めます。彼の力ある、みわざが再び開始されるのです。そして、あの十字架の死と復活がもたらした、新しいこの世の秩序が私たちの日常の場に実現していくのです。

イエスの弟子たちがこの世界をキリストの働きの場と宣言し、そのことを示すために自らの生き方をもって証ししていったように、私たちもイエス・キリストに派遣されて自分の生活の場へと帰っていくのです。日々の苦役を繰り返すため、エジプトの隷属に逆戻りするためにではありません。イエス・キリストのいのちに結ばれて、イエス・キリストによって派遣された者たちとして、私たちのうちに生きるキリストのいのちを、今やイエスに遣わされることによって、私たちの新たな任務の地とされた私たちの生活の場にもたらすために各々出立していくのです。

私たちがイエス・キリストを宣教するのではありません。イエス・キリストが私たちを生かしていることが、私たちの生き方を通して透けて見えることによって、私たちを通して、私たちの生活の場でイエス・キリストが働かれるのです。いかにイエス・キリストと結ばれているか、私たちの使命はただそのことだけに掛かっているのです。かつて、弟子たちを送り出されたように、私たちを遣わすと言われるイエス・キリストは、世の終わりまで絶えず私たちとともにいるとのことばをもって、私たちを祝福し、送り出してくださるのです。

以上述べたことは、ミサの解説であるよりも、ミサの中に象徴的、神秘的に具体化しているキリスト教の信仰のいのちの核心に少しでも近付くこと、そしてそれを味わうことを目指す試みです。そこに、「ミサの鑑賞」というテーマの狙いがあったと申せましょう。ミサのテキストをじっくりと味わいながら、そして、実際にミサの中でともに祈りながら、私たちのキリスト教の信仰が指し示している豊かさに、もっともっと養われていきたいと思います。

あとがき

鑑賞という態度がミサにふさわしいかどうか、ためらいがあると最初にも述べました。しかし、長い年月ミサにあずかり、ミサを司式してきて思うことは、私たちがともに、ふさわしくミサをささげるためには、もっともっとミサそのものを味わう必要があるということです。

日本人としての私たちの感性によりよく沿った、もっと美しい日本語のミサを創意工夫して、作り上げていく努力は、必要なことですし、尊いことです。

けれども、ミサの式文がどんなに洗練されたものになったとしても、現代の日本の私たちの日常の感覚にとって、ミサは異質なものです。それは、何も日本のことだけではなく、世俗化された社会に生きるすべての人にとって言えることではないかと思います。伝統的にキリスト教国と言われてきた西洋においても、ミサの参加者が減少傾向の一途をたどっていると聞きますが、そのような国の人々にとっても、今やミサは日常活動における感覚とは異質なものになっているに違いありません。

しかし、日常活動の感覚からすると、ミサは異質なものとしか思えないということは、今やミサは時代遅れのものとなってしまったということを意味するわけではありません。むしろ、世俗化された現代社会に住む私たちにとってミサが異質なものと映るのは当然なことなのです。

問題は、私たちが目先の生存競争に奔走し、没頭するあまり、異質と思われるすべてのものに対する鑑賞能力を失ってしまっているということではないかと思います。

鑑賞とは、日常の私たちの感覚にとって異質なものに圧倒されるという経験のことです。そのものが持つ圧倒的な迫力に対する感性が目覚めるということです。あらゆる伝統が、現代社会において持つ意味は、その異質性にあります。そして、伝統の持つ異質性は正当に鑑賞されるときにのみ、その本来の力を発揮するのです。

ミサはカトリックの教会における、キリスト教の信仰内容全体を網羅し、集約した共同の祈りの様式、カトリック教会の最も中心的な祭儀です。一人ひとりのカトリック信者は、このミサに参加することによって、日常の世俗的生活の中にあってどうしても希薄化せざるを得ない、自己の信仰を再確認し、カトリック信者として生きる自らのいのちの息吹を回復するのです。このことなしに、私たちが生きる現代の世俗化された日常の中において は、キリスト者としての生を保ち続けることは、ほとんど不可能なほどに絶望的です。

それゆえ、私たちが大きな犠牲を払って自己のものとした、キリスト教の信仰によって、人間として、人間の共同体としてのお互いの交わりにおいて活き活きと生きるためには、ミサからエネルギーを汲み取り、ミサによって生かされることが必要なのです。

キリスト教の信仰の伝統において、ミサの中心に立っているのはイエス・キリストです。そのイエス・キリストが、ご自分の十字架の死と復活において実証された、この世のいかなるものにも左右されない、いのちの喜びに満ちた彼の祝宴へと私たちを招いておられるのです。ミサの形と式文全体が表現している、神の子、神の小羊である、私たちの主イエス・キリストのいのちの祝宴に与かり、その喜びに満たされるために、今日もいそいそとミサに通いたいと思います。

イエスが語られた、息子のために婚宴を催す王の話（マタイ22・1－14）を思い出します。婚宴の席に連なるために要求されているたった一つの条件は、用意された晴れ着を身に着けることでした。晴れの祝宴に参加するためには、普段着のままではなく、それにふさわしい晴れ着が必要なのです。私たちの日常を支配している日々の思い煩いを脱ぎ捨て、その場の雰囲気に違和感なく溶け込める晴れの衣装が必要なのです。

その衣装とは、そこで行われていることを、そのままに味わうことができる鑑賞力なのではないでしょうか。これなしに祝宴を祝宴として味わい楽しむことはできないと思うのです。ミサが真に私たちの信仰といのちの源泉となることを求めていきたいと思います。

「日々の生活の中へ」

派遣の祝福を受けて日々の生活の場に遣わされる私たちは、私たちの生き方を通して、ミサが意味していることを証ししていくことを求められています。

ミサが意味していることを私たちの中に深く受け止めるためには、日常を脱しなければなりません。けれども、そのようにしてミサに養われる私たちは、ミサのうちに見出した光をもって私たちの現実の生き方を省みていくのです。

イエスが示された神の眼差しの中にある私たちの現実の社会のあり方を見直していくのです。ミサにおいて見出した神からの光をもって、私たちの現実を照らし出し、その現実を受け止めなおす力がミサの中で与えられているのです。

私たちが生きる現実の世界を、御子をお与えになったほどに世を愛された神の愛の対象であるこの世界として、神の愛の中にある世界として受け止めていることを証しするために、私たちはミサの場から私たちが生きる現実の中へと派遣されていくのです。イエス・キリストによってもたらされた福音を告げるために、イエス・キリストのいのちに結ばれて派遣されていくのです。

著者紹介

吉池好高（よしいけ・よしたか）

カトリック東京教区司祭、
東京カトリック神学院講師。
1941年長野県生まれ。
1970年司祭叙階。

ミサの鑑賞
——感謝の祭儀をささげるために——

2018年４月10日　初版発行
2021年３月10日　第２刷発行

著　者　吉池好高
発行者　オリエンス宗教研究所
代　表　C・コンニ
〒156-0043　東京都世田谷区松原2-28-5
☎ 03-3322-7601　Fax 03-3325-5322
http://www.oriens.or.jp/
印刷者　有限会社　東光印刷

ISBN978-4-87232-103-6　Printed in Japan

東京大司教出版認可済